Schriften
des
Vereins für Sozialpolitik.

Untersuchungen über Konsumvereine.
Herausgegeben von
C. J. Fuchs und R. Wilbrandt.

150. Band.
Die Konsumvereinsbewegung in den einzelnen Ländern.
Zweiter Teil.
Die Konsumvereine in Rußland.

Verlag von Duncker & Humblot.
München und Leipzig 1922.

Die Konsumvereine in Rußland.

Von

V. Totomianz.

Mit einem Geleitwort

von

R. Wilbrandt.

Verlag von Duncker & Humblot.
München und Leipzig 1922.

Alle Rechte vorbehalten.

Altenburg
Pierersche Hofbuchdruckerei
Stephan Geibel & Co.

Geleitwort.

Was wir jetzt in Rußland erleben, ist das Fiasko einer Militarisierung des Sozialismus.

Vom Klassenkampfgedanken ausgegangen, der konsequent bis zum Aufrufen der Dorfarmen gegen die Dorfreichen durchgeführt wurde, hat der Bolschewismus von vornherein auf demokratische Mitarbeit der Masse verzichtet, um an deren Stelle eine Diktatur von Vorkämpfern des Proletariats, von Berufsoffizieren des Klassenkampfes sozusagen, zu setzen. Die Masse folgte diesen im gegebenen Augenblick tatsächlich programmgemäß. Doch diese bereits den Klassenkampf mit der militärischen Disziplin erfüllende — oder aber der spezifisch russischen Seele, ihrer Unreife und der politischen Rückständigkeit samt entsprechender Geheimbündelei sich anpassende — Militarisierung des Sozialismus durch die Bolschewiki, im Gegensatz zu den die Demokratie der Masse heranziehenden Menschewiki, hat eben dadurch ihre verhängnisvolle Bedeutung erlangt, daß der Bolschewismus so ans Ruder kam und nun gezwungen war, sein System bis zu Ende durchzuführen.

Die bis zu Ende gehende und notgedrungen überstürzte Durchführung des kommunistischen Manifestes, nach einer dem militärischen Zusammenbruch zu dankenden proletarischen Revolution, hat offenbar werden lassen, wohin die Militarisierung des Sozialismus führt. Das vom Militarismus übernommene Erbe war und blieb, daß die Masse folgt, doch nicht mit wirtschaftet. Politisch blieb so der Bolschewismus erfolgreich. Doch wirtschaftlich, als Sozialismus, ist er daran gescheitert. Die große Masse nicht nur, die auf 85% des russischen Volkes veranschlagten Bauern, sondern auch die nächste Anhängerschaft, das Proletariat der Industrie, hat als Demokratie versagt. Die Bauern- und Arbeiterräte enttäuschten. An ihre Stelle trat „Zentrokratie", wie Trotzki das nennt. Alles wurde von oben, von einer bureaukratischen Zentralbehörde, so von weitem organisiert, daß die Fischer keine Fische zu essen bekamen (Sinowjew). Die Bauern waren dieser „Gemeinwirtschaft" nicht einzugliedern. Die Industriearbeiter, der kapitalistischen Knute ledig, arbeiteten nicht. Von den Bauern mangels industrieller Gegenleistung ohne Nahrung gelassen, holten sie diese mit militärischer Gewalt vom Lande, so die Bauern erst recht zur Einschränkung der Produktion veranlassend, oder hungerten und leisteten daher noch weniger, oder verkrümelten sich aufs Land. Militärische Gewalt mußte sehen, ihrer wieder habhaft zu werden; als „Deserteure der Arbeitsfront" wurden sie durch Strafen zur Arbeit, die man ihnen anwies, gezwungen. Der Bürgerkrieg, im System der Diktatur des Proletariats ein selbstverständlicher und ziemlich kostspieliger Bestandteil des die politische Macht erobernden und sichernden Klassenkampfes, zerstörte die Bergwerke, die fruchtbarsten Landstriche und lähmte Transport und Produktion, sofern sie noch existierten. Er lieferte im wörtlichsten Sinne auch die Armeen, die nun, gemäß dem Programm des kommunistischen Manifestes, in Armeen der Arbeitsfront umgestellt wurden, sobald der Kampf gegen die Not, die der Bürgerkrieg mit sich bringt, an die Stelle des Waffenganges treten mußte. Die Rote Armee vollendete die Militarisierung. Das Fiasko trat ein, indem das ganze System einer „neuen Wirtschaftspolitik" wich. Sie versucht mit Erfolg, den Bauern einen Produktionsanreiz dadurch zu geben, daß in freiem Handel eine kapitalistische Industrie, die man wieder ruft, mit ihnen in Austausch tritt, mithin Geld, Kredit, bürgerliches Recht, Erbrecht, Wechselrecht usw. wieder zurückführen zu den Fleischtöpfen der zerstörten Tauschgesellschaft, mit der sehr unsicheren Hoffnung auf neue goldene Eier jener so oft zitierten und diesmal tatsächlich fast ganz geschlachteten Henne des Kapitalismus.

Der Bolschewismus ist politisch an der Herrschaft geblieben, um den Preis des Verzichtes auf die ökonomische Durchführung des Sozialismus. So könnte man sagen, wenn der Sozialismus nur das sein könnte, womit er gleichgesetzt zu werden pflegt: der rein politisch, rein theoretisch, rein auf den Klassenkampf eingestellte Gedankenkreis des kommunistischen Manifestes. Auf dessen Durchführung ist verzichtet worden, nicht auf die Durchführung des Sozialismus. Das Fiasko betrifft die Sackgasse, in die das kommunistische Manifest zuletzt hineingeführt hat. Es führte nur an die politische Möglichkeit des sozialistischen Aufbaues heran, nicht an die ökonomische, ja an die psychologische nicht einmal. Es ließ in Klassenkampf und Verwirrung und Verwüstung enden, was in all den längst Gemeingut der modernen Welt gewordenen Reformen, die das Manifest voranstellt, hoffnungsvoll begann. Es muß daher zuletzt, in die Praxis umgesetzt, den verächtlich beiseite geschobenen Genossenschaftssozialisten überlassen, ihre freie Gemeinwirtschaft zu errichten, wo der Kommunismus oder Staatssozialismus einen leeren Platz ließ, wo er nur noch zwischen Kapitalismus und Genossenschaftssozialismus die Wahl hat. Statt Verzichts auf sozialistischen Aufbau, ist nun der Bolschewismus geneigt, die dem System seiner Zwangswirtschaft eingegliederten („Konsumkommune") und dann wieder freigegebenen „Kooperativen" nun zu dem werden zu lassen, was sie von Hause aus sind, was sie seit den „Redlichen Pionieren von Rochdale" programmatisch sein wollen: die Baumeister einer auf Gemeineigentum beruhenden Gemeinwirtschaft. Sie brauchen den Kapitalismus nicht mehr, sie entwurzeln den „Profitmacher", weil sie willens und imstande sind, „ihre eigenen Händler, ihre eigenen Fabrikanten, ihre eigenen Kapitalisten zu werden."

Die vorliegende Schrift von Professor Totomianz erschließt von der Genossenschaft her das volle Verständnis für diese — wie Totomianz sagt — „letzte Etappe in der Evolution der Bolschewisten, die sich aus Staatssozialisten oder Kommunisten in Genossenschafter verwandeln". Darin liegt die außergewöhnliche Bedeutung, die für eine gesonderte Herausgabe dieses Heftes sprechende Kraft seiner Tatsachenmassen. Sie erweisen in dem Augenblick des kommunistischen Fiaskos die Lebenskraft des Sozialismus, im Augenblick des eingestandenen Zusammenbruches dieses überstürzten Staatssozialismus die nur nach Freiheit verlangende, sich selbst emporringende Überlegenheit des Genossenschaftssozialismus, im Augenblick des Offenbarwerdens der Unreife der von Anfang an nur als „Volk" behandelten großen Masse in Rußland die Fähigkeit eben dieser selben Masse, sich selbst genossenschaftlich zu erfolgreicher Gemeinwirtschaft zu organisieren.

Man sieht: an der Sache liegt's nicht, an der Menge liegt's nicht, nur an der soziologischen Grundeinstellung. Sie ist es, die entweder die Masse zum Klassenkampf aufpeitscht, um dann in einem Riesenreich plötzlich eine Umstellung auf ein zarenweit entferntes Gesamtinteresse zu verlangen, oder aber dieselbe Masse in kleinen, noch gemeinwirtschaftlich wirksamen Genossenschaften durch den gemeinsamen

Vorteil hindurch den sichtbarlich an ihn gebundenen eigenen Vorteil erreichen läßt. Diese Grundeinstellung, entweder agitatorisch oder organisatorisch, entweder historisch-theoretisch oder psychologisch-praktisch, entweder politisch-revolutionär oder ökonomisch-aufbauend, entscheidet über den Verlauf der Bewegung, über Erfolg und Mißerfolg, über Wohl und Wehe von Millionen.

Wir wollen die Leistungen des Marxismus nicht verkleinern. Was hier zu Ende erlebt vorliegt, ist seine erste Phase, die des kommunistischen Manifestes. Ihr folgt die zweite, die Entwicklungstheorie des „Kapitals". Die Erwartungen, die da theoretisch begründet werden, haben sich zum Teil erfüllt; die politischen Erfolge und damit eine Reihe von so zu erkämpfenden Reformen sind Wirklichkeit geworden. Doch wo der Sozialismus anfängt, da hört das von dieser Theorie Gebotene auf, da versagen auch die von ihr versuchten Zukunftsaussichten.

So führt die Enttäuschung durch Bolschewismus und Revisionismus zur „sozialen Praxis", zur Kleinarbeit hin. Wo sie wirklich aufbaut, eine sozialistische Welt grundlegend beginnt, ist sie auch in Rußland fast unversehrt neu am Werk als praktischer Sozialismus, erhebt sie sich wieder wie der Phönix aus der Asche.

Und es ist erstaunlich, an Sowjetrußland und an der Ukraine zu sehen (für diese zeigt es die Ukrainische Wirtschaftszeitung), was in diesen Jahren die dort von jeher starke Genossenschaftsbewegung geleistet hat, wie sie durch genossenschaftliche Bildungsarbeit ihr Fundament festigt und verbreitert, wie sie, mehr als bei uns, am Geist, am Menschen arbeitet, um des seelischen Untergrunds sicher zu sein. Wir erhoffen davon Anregung auch für Deutschland. Wir folgen dem Verfasser in die Tatsachenmassen, die er bringt und durchdringt, mit der Bewunderung für seine eigene Führerleistung, als Historiker wie als Anreger dieser Welt, und mit Bewunderung für die Leistung der Millionen, die als slavische Bauern diese Welt erbauten, deren Möglichkeit einst auf die Industriearbeiter Lancashires beschränkt schien.

R. Wilbrandt.

Fünfundzwanzig Jahre Genossenschafter.
(Statt einer Vorrede.)

Bei der Herausgabe dieses Buches über die Konsumvereine in Rußland beschränke ich mich völlig auf die Beschreibung der russischen Genossenschaftsbewegung, ohne hervorzuheben, was dieser oder jener Persönlichkeit zuzuschreiben ist. Wenn man die primitiven „Artels" nicht rechnet, die schon seit langer Zeit in Rußland existieren, und auch nicht die ländlichen Gemeinden (Obschtschina), die auch einen gewissen vorbereitenden genossenschaftlichen Einfluß auf die russischen Bauern ausgeübt haben, so erscheint das russische Genossenschaftswesen fast gänzlich als ein Resultat des westeuropäischen Einflusses.

Natürlich wurde dieser Einfluß durch Persönlichkeiten vermittelt. In meinen Ausführungen über den Ursprung der russischen Konsumvereine komme ich auf sie zu sprechen, vor allem auf N. Balin, den ersten dieser Männer. Balin lebte und wirkte in der Stadt Charkow. Leider nahm die dortige Bevölkerung an ihm und seinen genossenschaftlichen Bestrebungen wenig Anteil. So fanden auch anderweitige genossenschaftliche Bestrebungen keine große Verbreitung in Rußland. Bis zum Anfang des 20. Jahrhunderts war daher in Rußland das Wort „Kooperation" so gut wie unbekannt.

Von mir wurde seit dem Jahre 1898 eine umfassende literarische und wissenschaftliche Propagierung aller Formen des Genossenschaftswesens und besonders der Konsumvereine betrieben. Kurz zuvor war das Buch „Die Konsumvereine" von Professor J. Oseroff erschienen. Dieses Buch hat mich und andere Genossenschafter beeinflußt. J. Oseroff, dem ordentlichen Professor der Finanzwissenschaft an der Universität Moskau, gebührt daher ein Ehrenplatz unter den Pionieren der russischen Genossenschaftsbewegung.

Meine Propaganda für das Genossenschaftswesen begann zu einer höchst ungünstigen Zeit. Es gab damals in Rußland nur einige wenige Konsumvereine, meistens von Beamten und Offizieren, außerdem die sogenannten „ökonomischen Vereine", und schließlich Spar- und Vorschutzvereine Schultze-Delitzscher Art. Sie arbeiteten jedoch mit wenig Erfolg, obgleich sie von den Verwaltungsbehörden (Semstwo's) unterstützt wurden. Von den Konsumvereinen hatten nur zwei einen gewissen genossenschaftlichen Charakter. Einer davon war der Konsumverein der Offiziere der Garnison Warschau mit einem eigenen Organ, dem „Blatt des Konsumvereins der Offiziere der Garnison Warschau", herausgegeben von D. Granowsky. Dieses Blatt war eigentlich eine genossenschaftliche Monatsschrift. Sie druckte oft Artikel aus anderen Zeitungen ab, so auch viele von mir verfaßte Beiträge über das Genossenschaftswesen.

Der andere dieser beiden Konsumvereine war der „Konsumverein der gemeinschaftlichen Hilfe" in Moskau. Leider hat er nicht lange bestanden. Im Jahre 1899 hat dieser Konsumverein meine erste Broschüre herausgegeben mit dem Titel „Die Macht der Kooperation". Diese Abhandlung war schon früher in der Petersburger Monatsschrift „Mir Boschy" (Welt Gottes) erschienen. Die Broschüre hat inzwischen fünf Auflagen mit zusammen etwa 50 000 Exemplaren erlebt und hat so den Begriff der „Kooperation", ihre Bedeutung und ihr Wesen dem lesenden Publikum Rußlands bekannt gemacht.

Die Verbreitung des Genossenschaftswesens wurde damals durch die geringe Zahl der Konsumvereine und Kreditgenossenschaften und den mangelhaften Geist ihrer Mitglieder gelähmt. Neben dieser eigenen Schwäche wirkte außerdem noch stark beeinträchtigend der Enthusiasmus für den Marxismus, der damals die russische Intelligenz erfüllte. Der Marxismus behandelte die sogenannte „Kleinarbeit" mit Verachtung, und natürlich wurde auch das Genossenschaftswesen dazu gerechnet.

Die erste Zeitschrift, die sich mir für meine Artikel über das Genossenschaftswesen zur Verfügung stellte, war die in Petersburg von S. Kriwenko herausgegebene Wochenschrift „Syn Otetschestwa" (Sohn des Vaterlandes). Dieses demokratische Blatt hatte jedoch keinen großen Erfolg, eben weil es die Marxisten bekämpfte. So war ich gezwungen, meine genossenschaftliche Propaganda in die halbmarxistische Zeitschrift „Schisn" (Leben) zu verlegen, die früher von Kalitin und später von W. Posse redigiert wurde. Eine wirkliche dauernde Aufnahme meiner Artikel fand ich jedoch erst in der Petersburger Tageszeitung „Sewerny Kurrier" (Nordkurier), die in den Jahren 1899—1900 erschien. Trotz einer gewissen marxistischen Färbung wurde diese Zeitung von

A. Arabaschin und dem Fürsten W. Bariatinsky redigiert, die beide von Marxismus frei waren. Dadurch, daß ich Mitglied der Redaktion des „Sieverny Kurrier" wurde, konnte ich das russische Lesepublikum nicht nur mit dem westeuropäischen Genossenschaftswesen bekannt machen, sondern auch durch meine Artikel alle mehr oder weniger genossenschaftlichen Anfänge in Rußland unterstützen. Damals schrieb ich auch einen Artikel zur Verteidigung der „Kleinarbeit". Dieser Artikel reizte nicht nur die Marxisten zum Widerspruch, sondern veranlaßte auch V. Tschernow, den Führer der Sozialrevolutionäre, zu einer Entgegnung in der Zeitschrift „Rußkoie Bogatstwo" (Russischer Reichtum).

Um dieselbe Zeit wurde in Petersburg die marxistische Zeitschrift „Natschalo" (Anfang) herausgegeben, von P. Struve und Professor M. Tugan-Baranowsky redigiert. In der Absicht, meine Landsleute mit dem Wesen der französischen Produktivgenossenschaften vertraut zu machen, gab ich dieser Monatsschrift eine beschreibende Abhandlung über die Produktivgenossenschaft der Familistère in Guise. Bis dieser Artikel in der genannten Monatsschrift erschien, verging eine ziemlich lange Zeit. Und als er erschien, sah ich mit Staunen und Entsetzen, daß Sätze eingeschoben waren, die das Produktivgenossenschaftswesen mißbilligten. Ich konnte mich jedoch bald wieder beruhigen, denn die eingeschobenen Stellen hatten keinen organischen Zusammenhang mit dem Text, sondern standen vielmehr mit ihm in Widerspruch. Der Verfasser dieser eingeschobenen Zeilen war Professor Dr. Tugan-Baranowsky. Später wurde aus diesem Gegner ein Anhänger des Genossenschaftswesens.

Trotz dieser Intoleranz der Marxisten, die das Genossenschaftswesen so herablassend behandelten, hatte ich durch meine persönlichen Beziehungen und durch meine Mitarbeit in der marxistischen Presse nicht solche Angriffe und Verhöhnungen auszuhalten wie ein anderer russischer Genossenschafter, N. Lewitsky. Dessen Auftreten in der „Freiökonomischen Gesellschaft" in Petersburg und sein Bericht über die landwirtschaftlichen Genossenschaften („Artels") veranlaßte die Marxisten, ihn heftig anzugreifen. Später, als Professor Tugan-Baranowsky Genossenschafter geworden war, hat Lewitsky ihn daran erinnert. Diese Angriffe und Nachstellungen haben Lewitsky und mich nicht einschüchtern können; aber sie lenkten die Studenten und Arbeiter vom Genossenschaftswesen ab zu einer politischen und revolutionären Betätigung.

Im Jahre 1900 erschien in Petersburg mein erstes großes Buch „Die Konsumvereine in Westeuropa", herausgegeben von N. Swonarew. Das Buch hatte Erfolg und wurde vom Zentralverband der russischen Konsumvereine im Jahre 1918 in vierter Auflage herausgegeben mit dem neuen Titel: „Die Theorie, die Geschichte und die Praxis der Konsumentenorganisation". Im Jahre 1914 ist dieses Buch bei Prager in Berlin in deutscher Übersetzung erschienen. Die dritte russische Auflage erschien 1913; sie wurde von der juristischen Fakultät der Universität Moskau als Dissertation angenommen, und nach meiner Disputation erhielt ich von der Universität den Titel eines Magisters der politischen Ökonomie. Meine Hauptopponenten in der Diskussion waren Professor J. Oseroff und Professor N. Kablukoff.

Im selben Jahre 1900 begann auch meine Mitarbeit in den genossenschaftlichen Zeitschriften des Auslandes, erst in der deutschen Presse, später in der französischen und mit der Zeit auch in der englischen und italienischen. Meine Artikel behandelten nicht nur das russische Genossenschaftswesen, sondern auch das italienische, schweizerische und deutsche. Außerdem machte ich in allen Sprachen energisch Propaganda für die genossenschaftlichen Ideen des Professors Ch. Gide. Fast alle seine Schriften wurden von mir in russischer Übersetzung herausgegeben. Ebenso trat ich bald darauf für Dr. Hans Müller, L. Luzatti, Professor F. Staudinger, H. Kaufmann, Professor R. Wilbrandt und viele andere genossenschaftliche Theoretiker ein.

Mit dem Jahre 1904 wurde mir meine genossenschaftliche Tätigkeit, und besonders die mündliche, etwas leichter gemacht. Denn ich erhielt an der russischen Hochschule in Paris die Gelegenheit, Vorlesungen über das Genossenschaftswesen zu halten. Nach der mißglückten Revolution von 1905 nahm der Erfolg meiner Tätigkeit noch weiter zu; Intelligenz und Arbeiterschaft in Rußland beschäftigten sich nun weniger mit Politik und konnten so dem Genossenschaftswesen mehr Aufmerksamkeit schenken. Seit dieser Zeit hatte die russische Presse weit mehr Platz für meine Artikel. Die hauptstädtischen und provinziellen Zeitungen haben Hunderte von meinen Artikeln gedruckt und nachgedruckt.

Infolge einer gewissen Freiheit, die man in Rußland nach 1905 genoß, und auch, weil ich nichts mit Politik zu tun hatte, wurde es mir möglich, in ganz Rußland Vorträge über das Genossenschaftswesen zu halten. 1908 tagte in Moskau der panrussische Genossenschafts=

kongreß, auf dem ich viele Genossenschafter kennen lernte. Infolge dieser Bekanntschaften wurden dann seit diesem Jahre meine Vortragsreisen noch häufiger.

Von meinen Büchern wurde „Das landwirtschaftliche Genossenschaftswesen" ins Bulgarische und „Die Formen der Arbeiterbewegung" ins Polnische übersetzt. Meine genossenschaftliche Tätigkeit beschränkte sich jedoch nicht auf die Herausgabe von Büchern, Mitarbeit an der Presse, Vorlesungen und Vorträge. Ich betätigte mich auch in dem sogenannten „Komitee der Kredit- und Wirtschaftsgenossenschaften". Der Zweck dieses Komitees war die Propagierung aller Formen des Genossenschaftswesens. Es erhielt eine kleine Subvention von der Regierung und freiwillige Beiträge der Genossenschaftsorganisationen. In diesem Komitee arbeitete ich seit 1900, anfangs als Sekretär der Konsumvereinsabteilung, später als Generalsekretär des ganzen Komitees.

An der Zeitschrift des Zentralverbandes der Konsumvereine in Moskau nahm ich von Petersburg aus aktiven Anteil. Von diesem eigentlich panrussischen Zentralverband wurde ich viele Male zu ausländischen Genossenschaftskongressen delegiert. Ich übernahm das ohne jede Entschädigung; denn der Zentralverband hatte anfangs keine Mittel, um auf seine Kosten Delegierte nach dem Ausland zu senden. Erst seit dem Jahre 1910 begann der Zentralverband eine mächtige und reiche Organisation zu werden. In diesem Jahre wurde ich an der Handelshochschule in Petersburg Dozent für das Genossenschaftswesen. Damit gebührt Rußland das Verdienst, als erstes Land einen Lehrstuhl für das Genossenschaftswesen errichtet zu haben. Im Jahre 1911 hielt ich auch im Polytechnikum Vorlesungen über das Genossenschaftswesen. Im Jahre 1912 siedelte ich von Petersburg nach Moskau über und begann auch hier mit genossenschaftlichen Vorlesungen an der Universität und an der Handelshochschule. Im Jahre 1915 verlieh mir die Universität Kiew[1] die Doktorwürde auf Grund meiner Dissertation „Die Gewinnbeteiligung und das Co-partnershipsystem". Diese Arbeit, die teilweise auch das Produktivgenossenschaftswesen behandelt, ist später in zwei Auflagen erschienen.

Meine Lehrtätigkeit in Moskau dauerte bis zum Jahre 1918. Eines Augenleidens wegen mußte ich dann ein Jahr im Ausland zu-

---

[1] Seit 1893 habe ich den Grad des Doktors der Sozialwissenschaft der Universität Brüssel.

bringen. 1919 nahm ich meine Vorlesungen über die ökonomischen Lehren wieder auf, und zwar am Polytechnikum in Tiflis; dort wurde ich im Herbst desselben Jahres zum ordentlichen Professor gewählt.

Während des Jahres 1917 und Anfang 1918 redigierte ich in Moskau die Monatsschrift „Die genossenschaftliche Welt" und war zugleich Direktor des Verlages gleichen Namens. Diese Verlagsbuchhandlung hat während der anderthalb Jahre Bücher von Professor Ch. Gide, L. Luzatti, L. Barbieri und anderen herausgegeben.

Seit 1911 war ich ferner Mitglied des Verwaltungsrates der Moskauer Volksbank. Sie stellte zwischen den verschiedenen Formen des Genossenschaftswesens brüderliche Beziehungen her und wurde dadurch bald zum Mittelpunkt der ganzen russischen Genossenschaftsbewegung. Natürlich lag mir auch der Zentralverband sehr am Herzen. Ich war in der letzten Zeit Konsultant seiner Unterrichts- und Verlagsabteilung, die in ganz Rußland die eigene und ausländische Genossenschaftsliteratur verbreitete. Es war ja fast alles ins Russische übersetzt worden, was über Genossenschaftswesen in deutscher, französischer und italienischer Sprache erschienen war.

Meine genossenschaftliche Tätigkeit erstreckte sich in den letzten Jahren auch aufs Ausland. 1919 hat der Nationalverband italienischer Genossenschaften mein Buch „Das Genossenschaftswesen in Rußland" herausgegeben, mit einem von dem bekannten Minister und Genossenschafter L. Luzatti verfaßten Vorwort. 1921 ist in Paris in französischer Sprache und mit einem Vorwort von Ch. Gide meine „Anthologie coopérative" erschienen, und in russischer Sprache meine in Moskau und Tiflis gehaltenen Vorlesungen unter dem Titel „Geschichte der ökonomischen und sozialen Lehren". In Prag ist bereits in russischer Sprache mein Buch „Die Theorie des Genossenschaftswesens" in zweiter Auflage erschienen. Am 6. August 1921 wurde ich auf dem Internationalen Genossenschaftskongreß in Basel zum Ehrenmitglied gewählt, nachdem ich lange Zeit im internationalen Genossenschaftsbund der Vertreter Rußlands gewesen war.

Summa summarum — meine fünfundzwanzigjährige genossenschaftliche Tätigkeit in Rußland und Westeuropa hat mir große Befriedigung gewährt. Mit besonderer Dankbarkeit gedenke ich der russischen Presse, die mir seit dem Jahre 1905 so breiten Raum gab für meine genossenschaftlichen Artikel. Dankbar gedenke ich auch des begeisterten Empfangs, der mir auf meinen Vortragsreisen in vielen

Orten Rußlands bereitet wurde. Und mit Stolz gedenke ich meiner zahlreichen Schüler. Einen Teil ihrer während der Universitätsstudien verfaßten Arbeiten über das Genossenschaftswesen habe ich in drei Bänden herausgegeben.

Zurzeit durchlebt das russische Genossenschaftswesen eine schwere Krise, verursacht durch die Hungersnot in Rußland und durch das mißglückte Experiment der Kommunisten. Es tut weh, das mit anzusehen, wie es einem Vater weh tut, sein Kind schwer krank zu sehen. Aber die Krankheit wird vorübergehen, und Rußland wird sich wieder emporrichten und mit ihm das Genossenschaftswesen.

Erstes Kapitel.
Die Konsumvereine in Rußland.

I.

Die Konsumvereine sind in Rußland, wenn man von den primitiven Beköstigungartels absieht, in den sechziger Jahren gestiftet worden, und zwar ging die Anregung von Abhandlungen und Broschüren über das westeuropäische Konsumvereinswesen aus. Im Anfang wirkte nicht so sehr das Beispiel des Konsumvereins in Rochdale, als vielmehr das der deutschen Konsumvereine vom ursprünglichen Schultze=Delitzschen Typus. Natürlicherweise kam der Einfluß der letzteren vor allem in den baltischen Provinzen zum Ausdruck, wo die deutschen Rigenser im Jahre 1865 den ersten Konsumverein gründeten. Schultze=Delitzsch wurde von den Begründern persönlich nach Riga eingeladen, um daselbst einen Vortrag zu halten; doch war er verhindert, der Einladung Folge zu leisten. Dem Beispiel der Rigenser folgte zuerst Reval, dann (1866) Dorpat und Petersburg, wo der Konsumverein „Bereshliwostj" (Sparsamkeit), wenigstens in der ersten Zeit, gleichfalls ein deutscher war.

Seit Mitte der sechziger und bis Ende der siebziger Jahre hat das Konsumvereinswesen auch in der autochtonen russischen Bevölkerung, ja sogar in ganz abgelegenen Dörfern Boden gewonnen. Nach der von W. S. Koslow herausgegebenen Karte über die Verbreitung der Konsumvereine in Rußland gab es damals deren 70; davon waren zwei nicht eröffnet worden. Zwei Vereine waren von durchaus ländlichem Typus [im Dorfe Oschta, Gouvernement Olonez und in der Staniza (Kosakendorf) Ustj=Medwedizk im Dongebiete]. Die übrigen befanden sich in Kreisstädten und Gouvernementsstädten hauptsächlich Zentral= und Südrußlands. Von größeren Städten hatten außer Petersburg und Moskau noch Warschau, Odessa, Kiew und Charkow Konsumvereine. Fast alle Vereine der sechziger Jahre sind eingegangen; erhalten haben sich bloß zwei Konsumvereine: in Spaßki=Zaton, Gouvernement Kasan (an dem Winterlagerplatz der im Jahre 1868 gegründeten Dampfergesellschaft „Kaukasus und Merkur"), und der Verein „Soglassije" (Eintracht") in Plotzk, gegründet im Jahre 1870 von der Kreditgenossenschaft der Stadt Plotzk.

Wenden wir uns nun der Frage zu, wie sich die Entstehung der Konsumvereine auf die einzelnen Jahre verteilt, so ersehen wir, daß ihre Anzahl nicht regelmäßig wächst, sondern ihr Ansteigen wohl mehr durch den Zufall geregelt wird. So fällt zum Beispiel in den sechziger Jahren die größte Zahl neugegründeter Vereine auf das Jahr 1868, wo 22 Vereine entstanden, während 1870 zwölf, 1871 nur vier Vereine gegründet wurden. Von 1871 bis 1881 schwankt die Zahl der alljährlich in Kraft tretenden Vereinsstatuten zwischen vier und sieben; nur im Jahre 1881 sind vierzehn Statuten bestätigt worden.

Die Konsumvereine der sechziger und siebziger Jahre waren zumeist allen Ständen zugänglich und für die Beteiligung aller Volksklassen offen; doch gab es auch eine große Anzahl von (wenigstens praktisch) professionellen oder ständischen, zum Beispiel Beamten- und Arbeiterkonsumvereinen. Von letzteren soll hier der Konsumverein der Kynowschen Fabrik im Gouvernement Perm genannt werden, der 1870 noch existierte, aber später einging.

Unter den von Arbeitern, wenn auch nicht ausschließlich von solchen, gegründeten Konsumvereinen ist der älteste der bereits erwähnte Verein in Spaßki-Zaton. Wesentlich später entstand der im Jahre 1881 gegründete Konsumverein in Tscherdyn, Gouvernement Perm.

Trotz der geringen Zahl dieser Vereine und ihrer noch geringeren Lebensdauer erschien 1870, außer der vom Apostel des russischen Konsumgenossenschaftswesens N. P. Balin herausgegebenen „Ersten Denkschrift russischer Konsumvereine", ein von Zolotnitzky redigiertes Fachblatt „Der russische Konsumverein"; doch kam es über die fünfte Nummer nicht hinaus. Als obersten Zweck der Konsumgenossenschaften proklamierte diese Zeitschrift „Ersparnis durch Verbilligung der notwendigen Konsumartikel" und äußerte unter anderem ihr Bedauern darüber, daß „die Idee der Konsumgenossenschaft sehr langsam in landwirtschaftliche und industrielle Kreise eindringe". Wie ersichtlich, richtete sich die Propaganda des Konsumvereinswesens in den siebziger Jahren sogar an die Fabrikanten, welche sie in den Kreis der Genossenschaft hineinziehen wollte. Über die Gründer und Leiter der Konsumvereine dieser Periode erfahren wir, daß als Gründer von Konsumvereinen meist „Adelsmarschälle, Präsidenten der Semstwoverwaltung, Stadthäupter, Friedensrichter und Chefs der Landpolizei" figurieren [2].

Die Existenz eines eigenen Fachblattes und selbst der von W. S. Koslow 1871 in Charkow in Aussicht genommene Kongreß dürfen keineswegs als Zeichen großer Lebensfähigkeit dieser Vereine gedeutet werden. In Wirklichkeit sehen wir die Konsumvereine jener Epoche, obgleich sie in weiten Kreisen Anklang fanden, einen nach dem anderen eingehen.

Wenn wir nun den Ursachen der Kurzlebigkeit der Vereine dieser ersten Periode nachgehen, so ersehen wir, daß von den beiden Moskauer Vereinen der zweite, im Jahre 1868 gegründete, mit nahezu 890 Mitgliedern 1870 einging, während der erste kaum ein Jahr existierte. Die Ursachen des Eingehens des zweiten Moskauer Konsumvereins werden durch folgendes Zitat aus der „Sammlung von Materialien" verdeutlicht: „Ein Verein, dessen Mitglieder mit Gewalt in die Versammlungen geschleppt werden müssen und nichts kaufen, ein Verein, dessen Vorstand seine Pflichten vernachlässigt und durch innere Reibungen entkräftet wird, der unter 1200 Mitgliedern keine einzige vertrauenswürdige Person zählt — ein solcher Verein kann nicht gedeihen; er ist überhaupt keiner, auch nur kläglichen Existenz fähig [3].

Der Konsumverein in Nikolajew „Genossenschaft für Ersparnis und Erwerb" konnte nicht klagen, die Geschäfte gingen ziemlich gut; er hatte Handelsverbindungen mit dem Ausland und mit anderen russischen Konsumvereinen angeknüpft. Die Mehrzahl seiner Mitglieder waren Seeleute und verschiedene Militärpersonen. Aber auch dieser Verein wurde durch innere Reibungen zugrunde gerichtet. Dazu kam noch, daß viele Mitglieder „die Idee einer solchen Vereinigung nicht erfaßt hatten und den Verein als eine Art Wohltätigkeitsverein betrachteten, der verpflichtet war, für Spottpreise Waren abzulassen [4].

In dem Jekaterinoslawschen Konsumverein „Bereshliwostj" (Sparsamkeit) erschienen zu den Versammlungen kaum so viel Mitglieder, als gerade vom Statut verlangt wurden; aber auch diese waren in zwei feindliche Lager geteilt [5]. Umtriebe und Mißhelligkeiten begleiteten die Tätigkeit dieses Vereins bis zum Tage seiner Liquidierung.

---

[2] A. Michailow: Genossenschaften. Petersburg 1873. S. 226.
[3] „Sammlung von Materialien". S. 125.
[4] Ibidem. S. 138.
[5] Ibidem. S. 140.

Der Konsumverein in Cherson, welcher gegen das Ende der sechziger Jahre dadurch Aufsehen erregt hatte, daß er sogar mit Schlachtvieh handelte, scheiterte weniger an dem unvorteilhaften Fleischgeschäft, als an der Indolenz seiner Mitglieder. „Wenn wir zu ernstem Zusammenwirken unfähig sind," erklärte der Vorstand, „wenn es uns an der nötigen Energie, an Ernst und Strebsamkeit, ja sogar an dem Glauben an die Möglichkeit, durch Vergesellschaftung der Ausgaben unsere Lebensbedingungen zu bessern, mangelt, so werden wir besser tun, die Sache ganz aufzugeben und gesondert weiterzuleben, wie wir bisher gelebt haben; so laufen wir wenigstens nicht Gefahr, die schöne Idee des Konsumvereinswesens in Mißkredit zu bringen."[6]

Der Konsumverein „Jakor" (Anker) in Astrachan, welcher im Jahre 1868 neben dem Handelsgeschäft noch eine Spar= und Darlehenskasse, freilich mit getrennter Buchführung, gegründet hatte, existierte auch nicht lange und ging schließlich als Privateigentum in die Hände eines vormaligen Kommis des Konsumvereins über.

Der Konsumverein in Kiew, an welchem sich die Blüte der Intelligenz mit N. J. Sieber, Professor der politischen Ökonomie, an ihrer Spitze beteiligte, entstand im Jahre 1868. Bemerkenswert ist an diesem Verein, daß er schon in den ersten Jahren seines Bestehens mit den Konsumvereinen der Städte Odessa, Elisabetgrad, Kertsch und Borsna Verbindungen angeknüpft hat. Dann begann aber der Kiewer Verein über dieselben Mißstände zu klagen wie die anderen: „Ein großer Teil der Mitglieder zeigt, nachdem er seinen Beitrag eingezahlt hat, kein Interesse mehr für die Vereinsangelegenheiten."[7]

Der im Jahre 1869 in Kaluga gegründete Konsumverein war dadurch merkwürdig, daß er neben Spezerei= und Kolonialwaren auch mit Büchern handelte und eine Bibliothek mit Lesehalle unterhielt. Die Bücher dieser Bibliothek waren zumeist von allerlei Personen und Stiftungen gespendet; darunter befanden sich auch 2000 Bände des Kalugaschen statistischen Komitees, welche ihr auf Anordnung des Gouverneurs übermittelt worden waren. So entstand eine solide, 4519 Bände zählende Bibliothek. Und dennoch war auch dieser Verein von kurzem Bestand, hauptsächlich infolge der weitgehenden Kreditierung seiner Mitglieder.

Der Konsumverein „Ersparnis und Konsum" in Kertsch, dessen

---

[6] Ibidem. S. 148.
[7] Ibidem. S. 158.

Statut im Jahre 1869 bestätigt wurde, trieb unglücklichen Fleischhandel und stieß auf gehässiges Benehmen seiner Mitglieder. Bei Eröffnung des Warenlagers kam es zu Gespött und Mißhelligkeiten: man fand das Lokal nicht gut genug, die Waren schlecht; man war ungehalten über das Fehlen von Spezereien, Fleisch und Wein. Die Mitglieder legten eine Art Schadenfreude bei jedem Mißgeschick, beim geringsten Versehen an den Tag; alle Mängel wurden der Direktion zur Last gelegt [8].

Auch der 1870 im Dorfe Oschta, Gouvernement Olonez, gegründete Bauernkonsumverein ging ein. Der Hauptgrund seines frühen Endes war der Ankauf einer Gerberei, welche den Verein in Unkosten stürzte.

Nicht besser gingen die Geschäfte in den unter Beihilfe von Fabrikanten gegründeten Arbeiterkonsumvereinen in Petersburg und im Gouvernement Perm. Der Konsumverein der Arbeiter der Alexanderwerke für mechanische Industrie in Petersburg übte folgenden kolossalen Mißbrauch: er kreditierte fortlaufend nicht nur seine Mitglieder, sondern auch deren Bekannte mit Waren.

Von den zwei noch heute existierenden Vereinen aus der ersten Periode wurde die „Soglassije" (Eintracht) in Plotzk am 7. Mai 1870 gegründet und bestand 1872 aus 276 Mitgliedern, darunter 68 Gutsherren und Grundbesitzer, 69 Militärpersonen und Beamte, 38 Juristen, Advokaten und Notare, 21 Kaufleute, Bankiers und Kommis, 18 Hausbesitzer, 14 Lehrer und Gouvernanten, 14 Handwerker, 12 Geistliche, 12 Ärzte und Apotheker, 10 Ingenieure, Architekten und Agronome usw. An den Konsumverein schloß sich von vornherein eine Kreditgenossenschaft an. Die dritte originelle Gründung des Vereins war ein Schiedsgericht. Statt der Gage erhielten die Angestellten eine Vergütung im Betrag von $1/2\%$ des Bruttogewinns. Der Umsatz des Vereins belief sich in der zweiten Hälfte des Jahres 1872 auf 25 104 Rubel 76 Kopeken, der Reingewinn auf 1113 Rubel 81 Kopeken. Die Dividende nach Maßgabe des Warenbezugs betrug 4%. Durch die sachliche Geschäftsführung und das Zusammenwirken des Vereins mit der aus der ursprünglichen Darlehenskasse entstandenen Kreditgenossenschaft war die Existenz des Konsumvereins in Plotzk gesichert, so daß er noch heute fortblüht und eine der größten polnischen Genossenschaften bildet. Die Mitgliederzahl belief sich Anfang 1912 auf 931, der Umsatz im Jahre 1911 auf 103 513 Rubel.

---

[8] Ibidem. S. 175.

Wenn wir im vorstehenden den heute nicht mehr existierenden Konsumvereinen so viel Beachtung geschenkt haben, so geschah es, um die Ursachen ihres Mißgeschicks ins rechte Licht zu stellen. Wir haben gesehen, daß diese Ursachen sich nicht auf ungünstige äußere Verhältnisse zurückführen lassen, sondern in den inneren Eigenschaften der Teilhaber wurzeln. In den sechziger und siebziger Jahren war noch keine einzige Bevölkerungsklasse in Rußland für die Leitung und Führung des Konsumvereinslebens genügend vorbereitet, obwohl in allen Klassen die Idee eines solchen lebhaften Anklang fand, und zwar in einem Maße, der sie zu einer äußerst modernen stempelte. Die Mängel der Statuten, die nicht immer dem Rochdale-Typus nachgebildet waren, spielten keine große Rolle, da ja ohnehin die Konsumenten nur in den ersten Tagen der Begeisterung für die Vereinsangelegenheiten Interesse an den Tag legten, dann aber den Besuch der Versammlungen einstellten und in ihren eigenen Magazinen wenig kauften. Dieser Absentismus eröffnete weiten Spielraum für Mißbräuche seitens der Angestellten und Vorstandsmitglieder. Daß die Begeisterung für den Verein so schnell völliger Indolenz Platz machte, lag nicht bloß an der mangelnden moralischen und sozialen Disziplin, sondern auch an der günstigen Wirkung der Genossenschaften auf die Marktpreise. Mit dem Auftauchen der Konsumvereine sanken in einer Reihe von Städten die Preise, und manche Kleinhändler begannen sogar zum Einkaufspreis zu verkaufen. Viele leichtgläubige Konsumenten gingen auf den Leim; anstatt dieses Sinken der Preise als Verdienst ihrer Genossenschaft anzuerkennen, gingen sie zu den Händlern über und beschuldigten den Vorstand des Unvermögens, billigere Preise zu machen als die Privathändler. Großer Schaden entstand für die ersten Konsumvereine auch aus der Abgabe von Waren auf Kredit, der in einem Petersburger Arbeiterkonsumverein sogar auf Nichtmitglieder ausgedehnt wurde. Dieser Verein ist in der Geschichte des Genossenschaftswesens das einzige Beispiel für die Abgabe von Waren auf Kredit an einzelne Konsumenten.

Die zwei noch heute existierenden Konsumvereine in Plotzk und in Spaßki-Zaton, Gouvernement Kasan, sind nur deshalb dem Schicksal der anderen entgangen, weil ihre Mitglieder außerordentlich treu an der Genossenschaft festhielten. Über den Verein in Plotzk finden sich in der Literatur Angaben; dagegen wissen wir über den Verein in Spaßki-Zaton recht wenig, denn dieser Verein befindet sich in einem sehr entlegenen Orte, und seine Tätigkeit war immer auf den kleinen Kreis der Angestellten der Dampfergesellschaft „Kaukasus und Merkur" beschränkt. Jedenfalls ist bekannt, daß hier die Mitglieder weder Verse schmiedeten, wie im Konsumverein der Stadt Woronesh, noch „gesalzene Tischreden" hielten, sondern daß in den ersten Jahren alle Mitglieder abwechselnd im Warenhaus die Aufsicht über den Transport und das Abladen der Waren übernahmen. Weder der Verein in Plotzk noch der in Spaßki-Zaton stürzten sich auf das erste beste Unternehmen; sie errichteten keine Filialen, wie der Petersburger Verein „Bereshliwostj" und die Petersburger Arbeiterkonsumgenossenschaft „Arbeitsverband", der nur vier Jahre (1906—1910) bestand, also noch kürzer als der des Vereins Bereshliwostj. Auch herrschte zwischen den Mitgliedern nicht jener Zwiespalt, welcher den Untergang nicht nur fast aller alten Konsumvereine, sondern auch den des neuen Vereins „Arbeitsverband" herbeigeführt hat. „Um nicht unnütz die Kräfte auf gegenseitige Reibungen zu vergeuden", sagt der bekannte Gründer des „Arbeitsverbands" W. A. Posse, „und so das zerrüttete Geschäft zu ruinieren, kam der Vorstand, allein und in Gemeinschaft mit den Kommissionen, auf den in dieser schwierigen Lage einzig möglichen Ausweg — die Spaltung des ‚Verbandes' in seine Bestandteile..." „Die Mitglieder des ‚Verbandes' haben den Glauben an die Sache verloren; der anfängliche Enthusiasmus ist gewichen; enttäuscht und mißvergnügt, sind sie jetzt nicht mehr geneigt, zur Aufrechterhaltung des Geschäftes beizusteuern. Es ist ja traurig, aber nicht abzuleugnen, daß bei uns die Begeisterung und Energie nur für den Beginn einer Sache ausreicht, daß aber die Fähigkeit, sie durchzuführen, uns leider abgeht."[9] Diese Charakteristik der heutigen Verhältnisse paßt auch in treffendster Weise auf die frühere Lage der Konsumgenossenschaften in Rußland. In der Tat mangelte es den Leitern und den Mitgliedern der alten Konsumvereine an Beharrlichkeit und Energie, um ihre Sache erfolgreich durchzuführen. Dabei darf nicht vergessen werden, daß in den sechziger und siebziger Jahren die Konsumvereine nicht nur bei der unbemittelten Bevölkerung, sondern auch bei den höheren Ständen, selbst bei den Adelsmarschällen und Gouverneuren, lebhaften Anklang fanden.

II.

Das Fiasko der meisten Konsumvereine dieser ersten Periode war ein schwerer Schlag für die Idee der Konsumgenossenschaft. Seit 1865

---

[9] W. A. Posse: Degeneration und Regeneration. Petersburg 1912. S. 149—150.

und bis zum März des Jahres 1894 sind vom Ministerium des Innern 353 Statuten von Konsumvereinen genehmigt worden, von denen heute nur noch ein Drittel existiert. Von diesem harten Schlag begann sich die Genossenschaft erst in den neunziger Jahren zu erholen, wo Konsumvereine in neuen Ortschaften, namentlich in den industriellen Rayons, aufzutauchen begannen. Das Maximum neugegründeter Vereine fällt auf das Jahr 1893, in welchem 53 Konsumgenossenschaften registriert wurden. Die Veröffentlichung des „Normalstatuts", welches den Gouverneuren das Recht der Genehmigung von Konsumvereinen einräumte, erleichterte deren Gründung und gab den Anstoß zur Vermehrung der Konsumgenossenschaften. Und nicht bloß quantitativ, sondern auch qualitiv wurden sie durch das Normalstatut gefördert, da dieses die Konsumgenossenschaft dem Rochdale=Typus näherbrachte. War doch dieses Statut zum Teil unter dem Einfluß von J. Ch. Oseroff entstanden, dessen im Jahre 1894 in erster Auflage erschienenes Werk „Konsumgenossenschaften" die Entwicklung der Konsumvereine in Rußland, deren Zusammenschluß zum „Generalverband" und die einschlägige Gesetzgebung wesentlich beeinflußt hat. Auch die im Jahre 1897 im Anschluß an die Petersburger Abteilung des Komitees für ländliche Spar= und Darlehens= sowie gewerbliche Genossenschaften gebildete ständige Kommission für Konsumgenossenschaftswesen, deren Schriftführer anfangs N. A. Reitlinger, später J. F. Sherebjatjew war, hat die Entwicklung der Konsumgenossenschaften in Rußland wesentlich gefördert.

Im Jahre 1897, gleich nach der Einführung des Normalstatuts, entstanden in Rußland 41 Konsumvereine[10]. Am 1. Januar 1898 zählte man in Rußland 307 Konsumvereine; am 1. Januar 1904 war deren Zahl bereits auf 930 gestiegen[11]. Am 1. Januar 1905 belief sich die Zahl der Vereine auf 996; davon kamen 100 auf das industrielle Gouvernement Perm. Am 1. Januar 1906 betrug die Gesamtzahl der Konsumvereine 1172, also um 176 mehr als im Vorjahre. Das Jahr 1905 versetzte der Dorfbevölkerung einen kräftigen Stoß, der sie auf den Weg der Kooperation leitete. Von 1172 Vereinen waren 707 städtische und 465 ländliche. Fabriken aller Art, Bergwerke und

---

[10] „Darstellung der Lage und Tätigkeit der Konsumvereine in Rußland nach Daten aus dem Jahre 1897." Petersburg 1899. S. 15.

[11] Bericht der städtischen Kommission für Konsumgenossenschaftswesen über das Jahr 1903. Petersburg 1904. S. 97.

Erzgruben zählten 202 Konsumvereine, Eisenbahnen 47. Das Gouvernement Poltawa mit seinen 110 fast durchweg ländlichen Konsumvereinen hat das Gouvernement Perm mit seinen Arbeiterkonsumvereinen überflügelt. Von 1172 Konsumvereinen besaßen 41 Produktionsbetriebe, hauptsächlich Bäckereien, aber auch Schneider- und Schuhmacherwerkstätten, Kwasbrauereien, Wurstfabriken, Schlachthäuser, Mühlen, Garküchen und Teehäuser. 291 Vereine, über die nähere Angaben vorliegen, zählten 140 482 Teilhaber; ihr Umsatz belief sich im Jahre 1904 auf 36 218 490 Rubel, ihr Reingewinn betrug 1 645 394 Rubel [12]. Am lebhaftesten gestaltete sich die Entwicklung der Konsumvereine seit dem Jahre 1907.

Neue Vereine sind registriert worden:

    Im Jahre 1907 1099
    „   „   1908 1290
    „   „   1909 1084
    „   „   1910 1007
    „   „   1911 . . . . . . 678 [13].

Das von der Petersburger Abteilung des Komitees herausgegebene und vom Verfasser dieser Abhandlung aufgestellte Verzeichnis aller am 1. Januar 1912 tätigen Konsumvereine berechnet die Zahl derselben auf 6730 mit 1 002 100 Mitgliedern.

Interessant ist diejenige Tabelle des Verzeichnisses, welche die Verteilung der Vereine nach den verschiedenen Typen darstellt.

	Zahl der Vereine	Verhältnis zur Gesamtzahl in Prozenten
Ländliche	4716	70,1 %
Städtische	683	10,2 %
Flecken und Niederlassungen . . .	504	7,5 %
Eisenbahnkonsumvereine	190	2,8 %
Fabrikkonsumvereine	430	6,4 %
Unabhängige Arbeiterkonsumvereine.	86	1,3 %
Handwerkerkonsumvereine	24	0,3 %
Beamten- und Offiziersvereine . .	97	1,4 %
Zusammen	6730	100,0 %.

---

[12] Bericht der IX. Abt. (Konsumvereine) der Petersburger Filiale des Komitees. Petersburg 1907.

[13] Verzeichnis sämtlicher Konsumvereine Rußlands am 1. Januar 1921. Petersburg 1912. S. XII.

Wie aus dieser Zusammenstellung ersichtlich ist, überwiegen die ländlichen Konsumvereine (mehr als zwei Drittel der Gesamtzahl); wenn man noch die Vereine der „Niederlassungen und Flecken" hinzurechnet, die meist auch zum ländlichen Typus gehören, so beläuft sich die Zahl der die Landbevölkerung versorgenden Vereine auf drei Viertel der Gesamtzahl.

Am meisten Konsumvereine kommen auf das Gouvernement Kiew, wo sich ihre Zahl auf 670 beläuft (26 bereits eingegangene sind natürlich nicht eingerechnet). Dann kommt das Gouvernement Podolien mit 490 Vereinen, exklusive 14 eingegangenen, das Gouvernement Perm mit 391 Vereinen, exklusive 45 eingegangenen, das Gouvernement Poltawa mit 372 Konsumvereinen, exklusive 30 eingegangenen, das Petersburger Gouvernement mit 237 Vereinen, exklusive 57 eingegangenen, das Gouvernement Petrokow mit 175, exklusive 32 eingegangenen, das Moskauer mit 159 Vereinen, exklusive 28 eingegangenen. Aus diesen Angaben ist erstens ersichtlich, daß nicht die industriellen, sondern die landwirtschaftlichen Gouvernements den ersten Platz einnehmen; zweitens, daß die in kategorischer Form geäußerte Ansicht einiger Unternehmer, die ländlichen Konsumvereine seien weniger lebensfähig als die städtischen, nicht zu Recht besteht. Denn die größte Zahl eingegangener Vereine entfällt auf die industriellen Gouvernements Perm, Petersburg, Petrokow, wobei zu bemerken ist, daß im Moskauer und zum Teil auch im Petersburger Gouvernement, ebenso wie im Gouvernement Kiew und Podolien, die Mehrzahl der Vereine erst unlängst entstanden ist. Damit soll nicht gesagt sein, daß unter den ländlichen Vereinen die Tendenz zum Eingehen gering ist. Im Gegenteil sind recht viele von unseren ländlichen Vereinen schon lahmgelegt und werden wohl in den nächsten Jahren durch weiten Kredit und mangelhafte Buchführung ruiniert werden. Es ist sehr bedauerlich, daß die staatliche „Kleinkreditverwaltung" in Petersburg der so erfolgreich begonnenen Vermittlertätigkeit der Kreditgenossenschaften etwas enge Grenzen steckt. Freilich beläuft sich die Zahl dieser Genossenschaften bloß auf mehrere Hundert, aber durch bedeutende Geldmittel und einen wohlgeordneten Apparat für Kreditoperationen sind sie instand gesetzt, ihre Mitglieder besser mit Haushaltungsgegenständen zu versorgen als diejenigen Konsumvereine, welche nicht durch Kredit-, Spar- und Darlehensgenossenschaften unterstützt werden. Auch die heikle Frage der Abgabe von Waren auf

Kredit an die Mitglieder ist viel einfacher zu lösen, wenn eine Kreditgenossenschaft die Vermittlertätigkeit übernimmt.

Was nun den Umsatz der Konsumvereine des russischen Reiches anbetrifft, so beziehen sich die vorliegenden Angaben bloß auf die 323 zum „Moskauer Verband der Konsumvereine" zählenden Vereine. Im Jahre 1910 belief sich der Umsatz dieser 323 Vereine auf 31 533 000 Rubel bei 134 377 Mitgliedern zu Anfang 1911[14]. Auch über Polen liegen Angaben vor. Im Jahre 1911 belief sich der Umsatz von 219 Vereinen auf 5 432 981 Rubel, bei 28 313 Mitgliedern zu Anfang 1912.

Die größten und zum Teil auch die ältesten von allen bestehenden Vereinen sind die Eisenbahngenossenschaften. Ihren relativen Blütezustand verdanken sie aber nicht ihrem einförmigen professionellen Personalbestand, sondern der ständigen Beihilfe der Eisenbahnverwaltungen.

An der Spitze der russischen Konsumvereine steht in bezug auf Mitgliederzahl ein von Angestellten der Transbaikalbahn gebildeter Verein. Die Zahl seiner Mitglieder, das kaufende Publikum nicht hinzugerechnet, belief sich am 1. Februar 1912 auf 19 030, der Umsatz im Jahre 1911 auf 2 688 052 Rubel. Er hatte an verschiedenen Punkten der Bahnlinie, von Irkutsk beginnend, 21 Warenlager, zwei Eisenbahnwagen für Transport von Konfektions- und Schuhwaren und noch acht Handelswagen, welche periodisch verschiedene Waren nach denjenigen Stationen transportierten, wo keine ständigen Warenlager vorhanden waren. Die Geschäftsanteile der Vereinsmitglieder repräsentierten ein Kapital von 383 239 Rubel 25 Kopeken (1. Februar 1912), das Reservekapital belief sich auf 61 698 Rubel 70 Kopeken, das Amortisationskapital auf 207 816 Rubel 95 Kopeken, das Kapital zur Erneuerung des Inventars betrug 27 456 Rubel 89 Kopeken, das Versicherungskapital 9897 Rubel 43 Kopeken. Der Geldwert des Vereinseigentums belief sich am 1. Februar auf 274 242 Rubel 57 Kopeken, der Reingewinn im Jahre 1911 auf 113 047 Rubel 31 Kopeken. Von dieser Summe wurden übrigens die folgenden Posten abgezogen: ergänzende Reichsgewinnsteuer, Belohnung der Angestellten, Ergänzungshonorar für den leitenden Ausschuß und prozentueller Abzug in die Sparkasse der Angestellten (5652 Rubel), so daß 69 133 Rubel 37 Ko-

---

[14] Jahrbuch des Moskauer Verbands. Moskau 1912. S. 89 (russ.).

peken als Reingewinn nachblieben. Diese Summe wurde in folgender Weise verteilt: 10 % Jahreszinsen als Dividende auf die völlig bezahlten Geschäftsanteile, also 12 875 Rubel; 2½ % als Vergütung der Mitglieder nach Maßgabe des Warenbezugs (45 000 Rubel) und 2½ % als Rückvergütung der warenbeziehenden Nichtmitglieder, welche ihnen als Geschäftsanteilkonto gutgeschrieben wurden (11 250 Rubel).

Der zweitgrößte Konsumverein in Rußland ist der Permsche Eisenbahnverein. Im Jahre 1910, also im fünfzehnten Jahre seines Bestehens, betrug der Umsatz 2 543 072 Rubel 24 Kopeken, der Reingewinn 54 948 Rubel 78 Kopeken; doch waren von diesem Gewinn folgende Abzüge gemacht worden: 6227 Rubel zu Bibliothekszwecken, 2500 Rubel dem Schulkomitee zur Bezahlung des Schulgeldes für Kinder der Mitglieder und 397 Rubel zur Errichtung von Pensionaten in den Elementarschulen. An Dividenden entfielen auf die ersten Geschäftsanteile 8230 Rubel 53 Kopeken (10 %), auf die zweiten 1964 Rubel 71 Kopeken (8 %) und auf die Rückvergütung 13 696 Rubel 27 Kopeken (durchschnittlich 1,2 %). Der Verein besaß an verschiedenen Orten 21 Handelsstellen. Auf breiter Basis war der Bezug periodischer Preßorgane und Bücher für die Mitglieder organisiert. Die im Jahre 1909 errichtete Bibliothek ist die größte von allen zurzeit vorhandenen russischen Konsumvereinsbibliotheken. Sie beschäftigt drei Bibliothekare. Die Zahl der Inhaber von Anteilscheinen des Permschen Eisenbahnvereins belief sich Anfang 1911 auf 6267; außerdem hatte er noch 16 908 Privatkonsumenten. Der Verein ist Großaktionär der Moskauer Volksbank. Er plant den Bau einer eigenen Mühle in Perm.

Die Konsumvereine in Rußland sind, wenn man von den Eisenbahn-, Offiziers- und Fabrikvereinen absieht, ihrem Wesen nach aus Vertretern aller Stände zusammengesetzt. Das gilt auch für die sogenannten Arbeiter- und namentlich für die Bauernvereine; denn in den Dörfern sind neben den Bauern immer auch die lokalen Kräfte der „Intelligenz", Angestellte usw., beteiligt.

Werfen wir nun einen Blick auf die sogenannten „unabhängigen Arbeiterkonsumvereine", so finden wir, daß der Konsumverein „Arbeiter" in Lugansk, Gouvernement Jekaterinoslaw, im November 1909 auf Anregung einer aus Arbeitern und Vertretern der Intelligenz bestehenden Gruppe ins Leben gerufen wurde. Im August 1911 betrug die Mitgliederzahl 450; darunter befanden sich 90 den „freien Berufsarten" angehörende Personen [15]. Von den fünf Mitgliedern des Vorstandes waren vier „Intelligenz", von den sieben Mitgliedern des Revisionsausschusses fünf. In den ersten vierzehn Monaten seines Bestehens betrug der Umsatz 37 500 Rubel, der Reingewinn 147 Rubel; das zweite Operationsjahr ergab ein geringes Defizit (27 Rubel 17 Kopeken) wegen der niedrigen Verkaufspreise und der durch Diebstahl von Waren und Geld erlittenen Verluste. Der Verein hatte auch einen Fonds für Aufklärungszwecke.

Größere Dimensionen erreichte der Verein in Jenakijew, Gouvernement Jekaterinoslaw, doch bestand auch er nicht ausschließlich aus Arbeitern; unter seinen 2146 Mitgliedern fanden sich auch Vertreter der Intelligenz. Er ist im Jahre 1903 ins Leben gerufen worden und hat jetzt schon sieben Filialen und zwei Bäckereibetriebe. Der Umsatz des Vereins belief sich im Jahre 1911 auf 527 726 Rubel. Der Verein versorgte nicht bloß seine Mitglieder mit guten und wohlfeilen Lebensmitteln, sondern war auch bestrebt, ihnen den rechten Genossenschaftsgeist beizubringen. Diesem Zwecke dienten für die Mitglieder organisierte, unentgeltlich gehaltene Vorträge über Genossenschaftswesen. Außerdem bezog der Verein in 1500 Exemplaren die Fachschrift „Objedinenije" (Einigung). Vom Jahre 1913 an wollte der Verein 1600 Rubel jährlich für den Unterricht von 14 Kindern der ärmsten Vereinsmitglieder in der achtklassigen Kommerzschule des Ortes spenden.

Eine dritte bemerkenswerte Genossenschaft, der „Konsumverein Tscheljabinsker Arbeiter und Angestellter" im Gouvernement Ufa, zählte ebenfalls unter seinen Mitgliedern nicht bloß „Arbeiter und Angestellte", obgleich er im Jahre 1909 von Arbeitern ins Leben gerufen wurde. Einer der Leiter dieses Vereins und Redakteur seines interessanten Organs „Iswestija" (Nachrichten) war bis vor kurzem A. N. Lawruchin, Sekretär des Börsenkomitees in Tscheljabinsk. Der Verein zählt etwa 750 Mitglieder; sein Umsatz belief sich in den elf Monaten des Jahres 1911 auf 80 008 Rubel [16]. Der Verein errichtete einen Bäckereibetrieb, einen Hilfsfonds und eine dem Andenken Tolstois gewidmete Bibliothek.

Der Konsumverein in Rjasan ist eine typische städtische, allen

---

[15] Nach einer Enquête des Moskauer Konsumgenossenschaftsverbands.

[16] Nachrichten des Konsumvereins Tscheljabinsker Arbeiter und Angestellter. 1. Januar 1913. S. 5.

Ständen zugängliche Genossenschaft. Er wurde am 21. November 1904 ins Leben gerufen, zählte Anfang 1912 bereits 1405 Mitglieder mit Anteilscheinen im Betrage von 27 479 Rubel 68 Kopeken. Der Reserve= fonds des Vereins betrug 7880 Rubel; sein Vermögen wurde auf 5889 Rubel geschätzt. Der Umsatz belief sich im Jahre 1911 auf 414 531 Rubel 47 Kopeken; davon kamen 40 % des gesamten Waren= bezugs auf Nichtmitglieder. Der Reingewinn belief sich im Jahre 1911 auf 6018 Rubel[17]. Der Verein beschäftigte sich außer mit Warenhandel mit Brot= und Semmelproduktion. Der Bäckerladen war freilich un= vorteilhaft; dafür wurde aber durch dieses Unternehmen die Qualität des Gebäcks gebessert und die Stadtpreise herabgedrückt. Der Verein errichtete Fonds für Hilfs=, Aufklärungs=, Wohltätigkeitszwecke und für Unterstützung der Angestellten. Er wurde Geschäftsteilhaber des Moskauer Verbandes der Konsumvereine und der Volksbank.

III.

Der Gedanke eines Zusammenschlusses der einzelnen Konsum= vereine kam den Leitern derselben bereits in den siebziger Jahren, doch war er damals verfrüht und hätte deshalb auch dann nicht reali= siert werden können, wenn die äußeren Verhältnisse seine Verwirk= lichung begünstigt hätten. Einen starken Anstoß zur Zentralisation der Konsumvereine gab die Petersburger Abteilung des Komitees für ländliche Spar= und Vorschußkassen und gewerbliche Genossenschaften, indem sie für die russischen Konsumvereine das Recht erwirkte, sich an dem im Juli 1896 anberaumten Handels= und Industriekongreß in Nishni=Nowgorod zu beteiligen. Kurz vorher war in der General= versammlung der Abteilung am 2. November 1895, nach Besprechung des Vortrags von J. Ch. Oseroff über die von ihm untersuchten Kon= sumvereine im Gouvernement Perm, eine spezielle Kommission ge= bildet worden, welche den Organisationsplan für Genossenschafts= verbände ausarbeiten sollte. Nachdem der Plan ausgearbeitet war, wandte sich die Abteilung an den Vorsitzenden des Kongresses in Nishni, Herrn D. D. Kobeko, mit der Bitte, den Konsumvereinen das Recht der Delegierung ihrer Vertreter auf den Kongreß und die Aus= stellung zu erwirken. Als die Genehmigung eintraf, wurden Ein= ladungen an 112 Vereine ausgesandt, von denen 36 Antwort gaben,

---

[17] Bericht des Konsumvereins in Rjasan über das Jahr 1911. Rjasan 1912. S. 66.

aber nicht alle ihre Delegierten schickten. Der erste Kongreß russischer Konsumvereine trat somit auf Anregung der Komiteeabteilung zusammen und tagte vom 4. bis 6. August 1896 auf der Ausstellung zu Nishni [18]. Der Kongreß in Nishni war, nach dem glaubwürdigen Zeugnis von J. Ch. Oseroff, von gewaltigem Einfluß. Wie groß das Bedürfnis nach genossenschaftlicher Organisation des Wareneinkaufs war, sagte Professor Oseroff, ist daraus zu ersehen, daß auf dem ersten Kongreß baltischer Konsumvereine, der im Juni 1897 in Riga tagte, hauptsächlich diese Frage debattiert wurde. Der Einfluß des Nishnier Kongresses machte sich auch in den wirtschaftlichen Offiziersvereinen geltend, wo schon früher der Modus herrschte, daß von den größeren Vereinen auf Ersuchen der kleineren Bestellungen ausgeführt wurden. Nach dem Kongreß in Nishni-Nowgorod faßte die Idee des wirtschaftlichen Zusammenschlusses in den Offiziersvereinen noch tiefer Wurzel [19].

Noch größer war der Einfluß des Nishnier Kongresses auf die Moskauer Konsumvereine, namentlich auf den Verein „Wsaimnaja Polsa" (gegenseitiger Nutzen). Auf seine Veranlassung beschlossen die Moskauer Vereine, nicht erst die Bestätigung des von der Petersburger Abteilung entworfenen „Verbandsstatuts" abzuwarten. Am 4. Oktober 1896 kam es im Verbandslokal dieses Vereins zu einer Beratung über die Frage des Zusammenschlusses der Konsumvereine. Zum Vorsitzenden der beratenden Vereine wurde S. J. Korobow, zum Schriftführer W. J. Anofrijew erwählt. Von den anderen Beteiligten soll S. A. Kablukow, später Ehrenpräses des Moskauer Verbandes, erwähnt werden. Unter den Versammelten befanden sich Vertreter von acht Vereinen des Moskauer Gouvernements und drei Vereine der Gouvernements Twer, Wladimir und Tula. Die Versammlung erwählte ein aus zwei Personen, N. P. Hübner und W. W. Molkow, bestehendes Bureau, das die gesamte Korrespondenz, die Versendung von Einladungen und dergleichen zu erledigen hatte. Dann wurde das Statut des Moskauer Zentralverbandes ausgearbeitet und im Namen von 18 Konsumvereinen (darunter außer den Moskauern auch drei im Gouvernement Perm: in Werschni Usalej, Kynow und Tscherdyn; drei Offiziersvereine: in Moskau, Odessa und Tiflis; je zwei in den Gouvernements Nishni-Nowgorod, Ufa, Tambow; und einer im Gouvernement Twer) um Bestätigung des Verbandsstatutes oder des

---

[18] J. Ch. Oseroff: Konsumvereine. Petersburg 1910. S. 184.
[19] Ibidem. S. 190.

„Statutes des Moskauer Verbandes von Konsumvereinen" nachgesucht. Dank den Bemühungen und den Verbindungen des Präses des wirtschaftlichen Offiziersvereins im Moskauer Militärbezirk, Herrn N. P. Hübner, gelang es im Juli 1898, die Bestätigung des Verbandsstatutes zu erwirken. Die erste konstituierende Versammlung der Bevollmächtigten des Verbandes wurde vom 23. bis 24. Oktober 1898 im Lokal des Konsumvereins „Wsaimnaja Polsa" unter dem Vorsitz von Professor J. Ch. Oseroff abgehalten. In dieser Versammlung waren sämtliche 18 dem Verband zugehörigen Vereine vertreten. Auch ein Vertreter der Petersburger Abteilung des Komitees für ländliche Spar- und Darlehensvereine und gewerbliche Genossenschaften, Herr J. F. Sherebjatjew, war erschienen. In dieser Versammlung wurde der grundlegende Tätigkeitsplan des Verbandes entworfen, welcher in der kommissionsweisen Besorgung des gemeinsamen Großeinkaufes für die zum Verbande gehörenden Einzelvereine bestand. Es wurde beschlossen, in allernächster Zukunft ein Verbandskapital aus Beiträgen der Genossenschaften zu bilden. Schon in der ersten Versammlung kamen folgende Fragen zur Debatte: 1. kollektive Versicherung des Besitzes und der Mitglieder der Einzelgenossenschaften; 2. Vereins-Begräbniskassen; 3. Einführung gleichartiger Haftpflicht in den verbündeten Konsumvereinen; 4. Sicherstellung der Vereinsangestellten; 5. Empfehlung Angestellter; 6. Konnex des Moskauer Verbandes mit den ausländischen.

Als der Moskauer Konsumgenossenschaftsverband im Entstehen war, fehlte es noch an der guten Zuversicht, daß er auch imstande sein werde, seine Ausgaben zu bestreiten. Das Genossenschaftsbewußtsein war damals noch schwach entwickelt. Die 18 konstituierenden Vereine standen vor der schwierigen Frage, wo sich der neugeborene Verein etablieren sollte. Glücklicherweise kam ihnen der wirtschaftliche Offiziersverein des Moskauer Militärbezirks zu Hilfe, welcher dem Verbandsbureau einen kleinen Winkel in seinem Kontor einräumte. Hier im Kreml machte dieser Sprößling der russischen Genossenschaft seine ersten zaghaften Schritte; hier sammelte er Kräfte, um auf die Beine zu kommen.

Nach 4½ Jahren, am 23. Mai 1903, konnte das Bureau und Kontor des Verbandes bereits ein eigenes, bescheidenes, aus vier kleinen Zimmern bestehendes, für 900 Rubel jährlich im Furkassow-Pereulok gemietetes Lokal beziehen. In demselben Jahre begann auch das von

N. P. Hübner redigierte Verbandsorgan „Konsumentenbund" zu erscheinen. Im Furkassow=Pereleuk blieb der Verband vier Jahre, bis zum September 1907; dann bezog er, nachdem ein Warenlager errichtet worden war, ein neues Lokal, das Haus der Kreis=Semstwo=Verwaltung.

Schriftführer des Verbandes war zuerst M. J. Friedmann (später Professor des Finanzrechtes), dann W. J. Anofrijew, nach ihm W. N. Sellheim, letzterer zu einer Zeit, wo der Verband vom Kommissions= zum direkten Warenkauf überging und dank diesem Umstand aufzublühen begann. Das Warenlager war inzwischen dermaßen angewachsen, daß es ihm in dem Lokal der Semstwo=Verwaltung zu eng wurde, und am 6. Februar 1911 vollzog sich seine Übersiedlung in ein eigenes, unter Mitwirkung der Einzelgenossenschaften auf der Nowaja Perewedenowka für 87 000 Rubel erstandenes Haus. Einen kräftigen Anstoß zu diesem schnellen Aufblühen des Verbandes gab der im April 1908 organisierte und einberufene erste russische Genossenschaftskongreß. Im Februar 1909 brachte der Verein unter seiner eigenen Firma Tee in den Handel, und im Jahre 1911 belief sich der Absatz in diesem Artikel bereits auf 130 000 Rubel. Im Februar 1911 begann der Verband ein neues populäres Blatt, „Objedinenije" (Einigung), herauszugeben. Im März 1911 liquidierte der Kiewsche Genossenschaftsverband seine Handelsgeschäfte, und sein in Belaja Zerkow befindliches Kontor fiel dem Moskauer Verband zu.

Der Stand der Verbandsangelegenheiten im Jahre 1912 erhellt aus folgenden Angaben: bis zum 1. Januar 1913 waren dem Verband 765 Konsumvereine beigetreten, meist aus dem Moskauer Gouvernement, dem Dongebiet und den Gouvernement Perm, Wladimir, Kiew, Rjasan, Wologda, Jekaterinoslaw, Kostroma, Archangelsk, Smolensk, Cherson, Nowgorod, Twer, Samara, Tula, Tschernigow, Woronesh, Orenburg und Orel. Hinsichtlich des sozialen Charakters der dem Verband angehörenden Vereine überwog nach wie vor die Tendenz zur Vermehrung der ländlichen Genossenschaften.

Die ländlichen Genossenschaften bildeten im Jahre 1910 30,5 % der Gesamtzahl aller dem Verband angehörenden Vereine, 1911 40,6 %, 1912 48 %.

Gleichzeitig erfuhr die Beteiligung der städtischen, aus allen Ständen zusammengesetzten Vereine in den letzten drei Jahren folgende Veränderung: im Jahre 1910 bildeten sie 31,5 % aller verbündeten

Vereine, im Jahre 1911 25,3%, 1912 22,6%. Unter den europäischen Konsumverbänden nahm der Moskauer Verband schon im Jahre 1913 die fünfte Stelle ein[20].

Der gesamte Umsatz des Verbandes erreichte im Jahre 1912 etwa 6 Millionen Rubel. Davon entfielen auf den blühenden Buchhandel 52 275 Rubel 25 Kopeken.

Der Abonnentenstand der vom Verbandssekretariat herausgegebenen Blätter, des wöchentlich erscheinenden „Konsumentenbundes" und der populären „Objedinenije" (Einigung) bezifferte sich im Jahre 1912 auf 3608 resp. 10 321 Exemplare. Im Jahre 1912 sind vom Sekretariat 47 Vorträge organisiert worden. Von 765 dem Verband angehörenden Konsumvereinen zählten im Jahre 1911 232 Vereine zusammen 134 379 Mitglieder; ihr Umsatz belief sich im Jahre 1910 auf 31 533 005 Rubel[21]. Der Reingewinn von 229 Vereinen betrug 834 111 Rubel, die Reservefonds von 261 Vereinen 927 067 Rubel.

Der Reingewinn des Verbandes belief sich im Jahre 1911 auf 43 984 Rubel[22]. Die Angaben über den Moskauer Verband sind ein neuer Beweis für den vorzugsweise ländlichen Charakter der russischen Konsumgenossenschaft, der auch dem Verbande nach und nach seinen Stempel aufdrückte. Ein noch ländlicheres Gepräge trägt der Verband in Kiew, der erste provinzielle Konsumgenossenschaftsverband. Er wurde am 25. August 1908 begründet, liquidierte jedoch im Mai 1911 seine Handelsgeschäfte, welche vom Moskauer Verband übernommen wurden. Der Verband in Kiew behielt nur die Organisations- und Instruktionstätigkeit.

Ausschließlich ländliches Gepräge haben die dem Verband sibirischer Buttergenossenschaften angehörenden 120 Konsumvereine, die sich um Kurgan gruppieren. Diese Konsumvereine sind nicht selbständig, sondern stehen in enger Verbindung mit den Buttergenossenschaften. Charakteristisch für diese Genossenschaften sind ferner ihr Vertragscharakter und die unbeschränkte Haftpflicht der Mitglieder. Die Mitglieder dieser Genossenschaft verpflichten sich kontraktlich, unter Androhung einer Geldstrafe, in Privatläden keine Einkäufe zu machen.

---

[20] „Konsumentenverband". 11. Januar 1913. S. 7.

[21] Jahresbericht des Moskauer Konsumgenossenschafts-Verbands. Moskau 1912. S. 228.

[22] Bericht des Moskauer Verbands über das 13. Operationsjahr (vom 1. Jan. bis zum 31. Dez. 1911). Moskau 1912.

Der Verband hat in Kurgan speziell für die Artelbuden eine Niederlage von Manufaktur- und sonstigen Waren.

Ein anderer, aber nur zu Wareneinkaufszwecken gegründeter Rayonverband besteht in Winnitza, Gouvernement Podolien. Schon am Tage seiner Eröffnung (am 29. August 1911) hatten sich 20 Konsumvereine ihm angeschlossen. Analoge lokale Konsumgenossenschaftsverbände bildeten sich im Jahre 1911 in Perm und Charkow.

Um die Existenz der ländlichen Konsumvereine zu erleichtern, muß das Prinzip des Barverkaufs streng eingehalten oder von den Mitgliedern pünktliche Erfüllung ihrer Verpflichtungen gefordert werden. Wir sehen aber, daß im russischen Dorf wegen der großen Armut des Bauern eine strenge Durchführung des Prinzips der Barzahlung nicht möglich gewesen, und daß es auch in den städtischen Konsumvereinen meist nicht eingehalten worden ist. Pünktlichkeit kann man von den Bauern auch nicht verlangen, solange sie noch zum größten Teil Analphabeten sind und überhaupt auf niedriger Kulturstufe stehen. Damit die Konsumgenossenschaften im russischen Dorf Wurzel fassen, müssen sie mit Kreditgenossenschaften im Zusammenhang stehen, oder es muß für ausgiebige Entwicklung von Handelsoperationen im Anschluß an Kreditgenossenschaften gesorgt werden. Wir haben es daher lebhaft bedauert, daß in manchen Orten den Handelsoperationen von den Inspektoren der Kleinkreditverwaltung Hindernisse in den Weg gelegt wurden, und haben die später von dieser Verwaltung der Wolhynischen Spar- und Vorschußvereine im Gouvernement Rjasan erteilte Genehmigung begrüßt, dem lokalen Konsumverein im Betrag der Hälfte seines Anteilscheinkapitals zu kreditieren. Wenn auf dem Lande die Kreditgenossenschaft nicht dem Konsumverein zu Hilfe kommt, so werden wohl so manche neugegründete Konsumvereine nicht standhalten, und ihr Eingehen wird dieselben Bauern ruinieren, deren Wohlstand zu fördern die Kreditgenossenschaften berufen sind.

Auch der Grad von Solidarität zwischen den verschiedenen Bevölkerungsklassen ist für alle Konsumvereine von größter Bedeutung. Das Auftauchen gesonderter „Arbeitervereine" und „unabhängiger" Konsumgenossenschaften hat überhaupt nur dann einen Sinn, wenn eine Umgestaltung des von der Fabrikverwaltung abhängigen Konsumvereins in einen unabhängigen absolut unmöglich ist. Die Zahl derartiger Fälle von Abhängigkeit hat sich aber von Tag zu Tag vermindert, und es ist dann zum Teil auch der Indifferentismus der

Arbeiter selbst daran schuld gewesen, daß der Fabrikverwaltung die ganze Geschäftsführung überlassen wurde. Freilich liegt es ja im Interesse der Arbeiter, die Fabrikverwaltung und überhaupt die Vertreter der anderen Klassen für ihre Sache zu gewinnen, weil davon sehr oft der Erfolg eines Konsumvereins abhängt. Das Bewußtsein der Interessengemeinschaft aller Konsumenten und der aus dem Heranziehen wohlhabender Käufer resultierenden Vorteile fand auch in den Arbeitervereinen Eingang, und einer derselben, der Konsumverein in Kostroma, hat damals bald seinen ständischen Charakter eingebüßt.

Daß bei uns die gewerklichen und ständischen, namentlich die Eisenbahn= und Offizierskonsumvereine (nicht aber die Arbeitervereine) gediehen, beweist noch gar nichts; denn gerade diese Konsumvereine wurden von den Behörden gefördert und genossen verschiedene Privilegien.

Wie gesagt, waren unsere Landkonsumvereine, zum Unterschied von den Arbeiter= und Eisenbahngenossenschaften, de facto aus allen Ständen zusammengesetzt, da sich an den ersteren neben den Bauern auch Vertreter der Intelligenz und die Angestellten beteiligten. Am reichlichsten waren die Landkonsumvereine im Gouvernement Kiew vertreten, und hier sollen, nach der Angabe des Kooperationsinstruktors der Kiewer Gouvernements=Semstwos, N. Boikow, „diejenigen Konsumvereine ihrer Aufgabe besser gewachsen gewesen sein, an welchen die intellektuellen Kräfte der Landbevölkerung: Ärzte, Geistliche, Lehrer, Feldscher und Privatangestellte, tätig mitwirkten, da diese sich meist sehr bald mit der Sache vertraut gemacht und so dem Verein erhebliche Dienste geleistet haben."

Wenn auch die ländlichen Konsumvereine mit großen Schwierigkeiten zu kämpfen hatten und ihre Entwicklung durchaus keine normale war, so kann doch für die Zeit bis zum Weltkrieg im großen und ganzen behauptet werden, daß ihre Entwicklung stetig fortgeschritten ist, und daß sie sich allmählich vervollkommnet und der Bevölkerung Nutzen gebracht haben.

Durch die Eröffnung von Konsumvereinen werden überall die Preise fast sämtlicher Konsumartikel herabgedrückt, die Waren werden redlich gewogen und ihre Qualität gebessert. Eine 160 Konsumvereine des Gouvernements Kiew umfassende Untersuchung ergab, „daß Zucker, Tee, Petroleum, Seife, Heringe und andere Waren um 5 bis 25% billiger geworden waren". Wenn wir nun auf Grund der aus den An=

gaben über 38 Konsumvereine berechneten Durchschnittsziffer annehmen, daß jeder Verein durchschnittlich für 7000 Rubel jährlich Waren absetzte und die Preise nur um 10% ermäßigte, so ergibt sich, daß die 60 Konsumvereine des Umanschen Kreises der Bevölkerung 42 000 Rubel (60 mal 700) ersparten, während die 600 Konsumvereine des Gouvernements Kiew den Konsumenten — den Reingewinn der Vereine nicht mit eingerechnet — zu einer Ersparnis im Betrage von 420 000 Rubel verhalfen. Dazu kommt noch, daß die Konsumvereine, indem sie ihre eigenen Waren zu ermäßigten Preisen verkauften, auch die Privathändler nötigten, die Warenpreise herabzusetzen, so daß also nicht bloß die Vereinsmitglieder und das in den Vereinsläden kaufende Publikum, sondern auch jene Konsumenten Vorteile hatten, welche ihre Einkäufe bei Privathändlern machten.

Aber auch abgesehen vom materiellen Vorteil, sind die Konsumvereine dadurch nutzbringend, daß sie eine vortreffliche Schule der Initiative und Selbsthilfe darstellen.

Durch die Beteiligung an den Generalversammlungen und die Entscheidung der Vereinsangelegenheiten wird die Bevölkerung zum praktischen Verständnis für soziales Wirken erzogen. Die Vereinsmitglieder erfahren, indem sie sich an den Wahlen ihrer Vertrauenspersonen beteiligen, die Geschäftsführung kontrollieren und der Beratung verschiedener Fragen zuhören, eine Erweiterung ihres geistigen Horizontes und eine Bereicherung ihres Wissens.

Bis zum Jahre 1907 hatten die Bauern keine Ahnung von gemeinsamem Handel, während heute schon recht viele von ihnen theoretisch und praktisch mit dem Genossenschaftswesen wohl vertraut sind, sich in der Buchführung einigermaßen zurechtfinden, gelernt haben, den Warenbestand zu kontrollieren, und fähig sind, mit vereinten Kräften für die Hebung ihrer wirtschaftlichen Lage zu kämpfen[23].

Nicht geringer ist auch der Einfluß, welchen die Konsumvereine des Gouvernements Perm auf die Normierung der Marktpreise der Bedarfsartikel ausgeübt haben. So waren zum Beispiel im Tscherdyngebiete des Gouvernements Perm, bevor im Jahre 1881 der Konsumverein begründet wurde, die Warenpreise sehr hoch: ein Pfund Zucker kostete 36 Kopeken, ein Pfund Petroleum 20 Kopeken, Scheren im Werte von 60 Kopeken wurden für 1 Rubel 20 Kopeken verkauft, Samtstoffe statt für 3 Rubel für 7—8 Rubel, ganz gewöhnliche Nägel

---

[23] Kiewer Semstwo-Zeitung. 18. Januar 1913.

statt für 1 Rubel für 6 Rubel pro Pud. Es kam vor, daß für Stoffe, welche man schließlich für 1 Rubel 80 Kopeken erstand, 2 Rubel 50 Kopeken verlangt wurden; der Käufer mußte mehrere Tage hintereinander wiederkommen und feilschen. Die Begründung des Tscherdynschen Konsumvereins hat ein sofortiges Sinken der Preise zur Folge gehabt. Aber auch nachher stiegen jedesmal die Warenpreise bei den Privathändlern momentan um 30—100%, wenn der Verein mit gewissen Waren zu kurz gekommen war, oder wenn das Geschäft behufs Kontrolle des Warenbestandes für 10—12 Tage geschlossen werden mußte. Im Durchschnitt wurden durch die Begründung des Konsumvereins im Tscherdyngebiete die Lebensmittelpreise auf die Hälfte herabgedrückt. Die 80000 Einwohner zählende Bevölkerung des Tscherdynschen Kreises ersparte somit eine jährliche Ausgabe von 400000 Rubel, also 5 Rubel pro Person [24].

In der Schrift von D. M. Bobylew finden sich Angaben über den Einfluß eines anderen Konsumvereins (in Ust-Sylva) auf die Warenpreise. Der Vorstand dieses Vereins berechnet die durch die Eröffnung des Konsumvereins der Bevölkerung des Ust-Sylvaschen Amtsbezirks ermöglichte Ersparnis auf mehr als 8400 Rubel, eine Summe, die anderthalbmal größer ist als sämtliche Abgaben (Gemeinde-, Semstwo-, Versicherungs- und alle anderen bäuerlichen Steuern), die von der Bauernbevölkerung des Bezirks im Betrag von etwa 5600 Rubel erhoben wurden [25].

Wie man sieht, wirkten also die Konsumvereine im Permschen Gebiet im Sinne einer Herabsetzung der Preise, und wenn es vorkam, daß ein mit Vereinspetroleum befrachteter Dampfer steckenblieb oder die vom Vereinsladen bestellte Zuckerpartie nicht rechtzeitig eintraf, so wurden die Preise der betreffenden Waren von den Privathändlern sofort stark in die Höhe geschraubt.

„Wir sehen also," sagt Prof. J. Ch. Oseroff, „daß die Abgaben der Bevölkerung an die Privathändler sich auf sehr hohe Summen beziffern, die zuweilen anderthalbmal so groß sein können wie sämtliche Steuerzahlungen." Dagegen könnte natürlich der Einwand erhoben werden, daß es sich hier um einen sehr abgelegenen Landstrich handelt. Daß es aber auch im Zentrum Rußlands (im Moskauer Gouvernement) nicht viel besser steht, erhellt aus folgendem Absatz des statistischen

---

[24] D. M. Bobylew: Die Konsumvereine des Gouv. Perm. Perm 1905. S. 18.
[25] Ibidem. S. 20.

Jahresberichts des Gouvernements Moskau, 1904: „Die Dorfhändler machen auf Petroleum einen Preisaufschlag von ½—2 Kopeken pro Pfund, also ungefähr ebensoviel, wie die Krone Petroleumsteuer erhebt... Wenn wir nur diese zwei Überzahlungen berücksichtigen — den Aufschlag der Dorfhändler und den der Krone — so beläuft sich die jährliche Mehrzahlung der Bauern des Moskauer Gouvernements auf 467 000 Rubel. Diese Summe übersteigt die Semstwosteuern der Bevölkerung, welche im Jahre 1903 nur 326 000 Rubel betrug, und wenn man auch noch die sonstigen Mehrzahlungen einrechnet, so wird das Gouvernement Moskau nicht weit hinter dem Gouvernement Perm zurückstehen" [26].

Wie gesagt, ist nicht nur der materielle Nutzen, sondern auch die volksbildende und erzieherische Rolle der Konsumvereine sehr bedeutend. Nicht nur Vereine mit so beträchtlichem Umsatz wie die wirtschaftlichen Offiziersvereine [27], welche den Anstieg der Preise in Schranken halten, sondern auch die kleinen Dorfgenossenschaften sind Faktoren von großer wirtschaftlicher Bedeutung.

Der regulierende Einfluß unserer Konsumvereine auf die Marktpreise war um so größer, als sie keineswegs immer das Rochdalesche Prinzip befolgten, die Waren nicht für niedrige, sondern für mäßige Marktpreise zu verkaufen. Dadurch war ihnen aber die Möglichkeit genommen, größeres Kapital für Produktionszwecke anzusammeln, weshalb die Eigenproduktion der Konsumvereine in Rußland äußerst schwach entwickelt war. Bäckereibetriebe hatten freilich im Jahre 1913 mehr Konsumvereine, als in der obigen Statistik angegeben ist; einige Vereine, wie zum Beispiel der Konsumverein in Nishni-Tagil, hatten sogar eine eigene Seifenfabrik, der Verein in Bolsche-Ssalsk eine eigene Ziegelei usw. Die Anzahl dieser Unternehmen war aber verschwindend klein gegenüber der beträchtlichen Zahl von Konsumvereinen in Rußland; denn in bezug auf die Anzahl der bestehenden Konsumvereine stand Rußland ja vor dem Kriege an der Spitze aller Länder. Bei der geringen Verbreitung der Eigenproduktion unter den russischen Konsumgenossenschaften wäre es jedoch besser gewesen, wenn sie auch die für wohltätige Zwecke gespendeten Summen der Produktion zugewendet hätten.

---

[26] „Narodnaja Gaseta" (Volkszeitung), 14. Februar 1906.
[27] Vom „Wirtschaftlichen Offiziersverein" in Warschau wurde in den Jahren 1900—1902 die von D. P. Granowski redigierte interessante Zeitung „Listok" (Blatt) herausgegeben.

Ein weiterer Übelstand der russischen Konsumvereine war der verbreitete Usus, Waren auf Kredit zu verabfolgen. Besonders gefährlich ist dies in den Städten, wo die Mitglieder miteinander vielfach fast gar nicht bekannt sind und daher die Kontrolle und das Inkasso der Schulden von unpünktlichen Käufern mit großen Schwierigkeiten verbunden ist. In der Durchführung des Barverkaufsprinzips haben unsere Konsumvereine den 60er und 70er Jahren gegenüber fast gar keinen Fortschritt verzeichnen können.

Zweites Kapitel.
Das russische Genossenschaftswesen während des Krieges und der Revolution.

In der ersten Hälfte des Jahres 1914, also beim Ausbruch des Weltkrieges, bildete das russische Genossenschaftswesen nicht nur eine imponierende Kraft, deren quantitativer Ausdruck die Zahl von 35 000 Genossenschaften war, sondern es war ein vereinigtes Ganzes, recht verschieden in dieser Hinsicht von dem, was in anderen Ländern existierte. Die verschiedenen Zweige des russischen Genossenschaftswesens waren alle untereinander verbunden, und auf den Kongressen zeigte sich sehr oft die gemeinschaftliche Arbeit aller dieser verschiedenen Genossenschaften. Die Leiter dieser Genossenschaften waren einander nicht fremd und hielten es für ihre Pflicht, eine möglichst umfangreiche Kenntnis der ganzen Genossenschaftsbewegung in allen ihren mannigfachen Formen zu erwerben; die verschiedenen Zweige des Genossenschaftswesens wurden von ihnen gewöhnlich in betreff ihrer sozialen Wichtigkeit alle als gleichwertig betrachtet. Und wenn auch einige da waren, die an der Lebensfähigkeit der Produktionsgenossenschaften zweifelten, so waren alle von der allgemeinen Wichtigkeit ihrer Konsum= und Kreditform fest überzeugt.

Kurz vor Ausbruch des Krieges hatte die Regierung ihr Verhalten gegenüber dem Genossenschaftswesen geändert, indem sie sich ihm immer günstiger zeigte. Es waren natürlich Ursachen politischer Opportunität, die ein solches Verhalten erklären konnten; es steckte eben die Neigung einiger Minister dahinter, sich der Führung der Genossenschaften, des Kredits und der Landwirtschaft zu bemächtigen. Eigentlich läßt sich jede Regierung von solchen Tendenzen lenken. Die

Bureaukratie hat niemals auf die Vergrößerung ihrer Macht verzichtet, auch in den zivilisiertesten Ländern nicht; die Vermehrung der gutbezahlten Posten, die Steigerung der Gehälter in umgekehrter Steigerung zur Leistung und Nützlichkeit sind allgemeine Tatsachen. In Rußland war noch die Tendenz hinzugekommen, die Genossenschaftsbewegung zu entwaffnen, indem man ihre Führer durch andere zu ersetzen suchte; denn es war allgemein bekannt, daß in ihrer Mitte viele Revolutionäre waren, deren politische Tätigkeit von der Regierung bekämpft wurde. Die Mehrzahl dieser Revolutionäre erkannte die große Wichtigkeit des Genossenschaftswesens und hing sehr an ihm. Andere Repräsentanten der revolutionären Parteien betrachteten im Gegenteil das Genossenschaftswesen nur als eine vorübergehende Beschäftigung, einzig als Mittel, um ihre revolutionäre Agitation unter seiner Fahne fortzusetzen. Richtiger gesagt: man suchte die Genossenschaftsbewegung für die eigenen politischen Zwecke auszunutzen. Das hat sich am deutlichsten gezeigt, als die Revolution ausbrach: einige sogenannte „Genossenschafter" verzichteten blitzschnell auf ihre Stellen im Genossenschaftswesen und stürzten sich in die Politik.

Die erste Zeit des Krieges war in einiger Hinsicht günstig für Rußland. Die neu erweckten Hoffnungen der Bevölkerung bildeten zu Anfang eine gewisse Solidarität zwischen den verschiedenen Klassen und sogar eine gewisse Annäherung zwischen der russischen Demokratie und der Regierung. Aber im zweiten Jahre des Krieges wurde diese Annäherung von der Regierung selbst und besonders von ihrem Haupte zerstört. Es war nicht mehr so, daß der Verdacht gegen einige Leiter der Genossenschaftsbewegung diese von den Regierungssphären entfernte. Zu den Kommissionen, die von der Regierung für das Genossenschaftswesen berufen wurden, waren einige bekannte Revolutionäre und sogar einige politische Emigranten eingeladen, wie zum Beispiel der bekannte Sozialrevolutionär Nicolaiew.

Leider ist diese Mitarbeit von Elementen der verschiedensten politischen Tendenzen nicht immer aufrichtig gewesen. Einige hohe Beamte der Provinz, weit von den Kulturzentren und der Hauptstadt entfernt, betrieben noch immer ein Verfolgungssystem gegen die Genossenschafter, die zu den radikalen politischen Parteien gehörten. Und auch die neuen Genossenschafter, die aus der Mitte der Revolutionäre hervorkamen, bemächtigten sich demagogischerweise der besten Posten im Genossenschaftswesen, stießen die alten und so verdienstvollen Genossenschafter aus, um auf diese Weise das Genossenschaftswesen für das Ziel ihrer politischen Agitation zu benutzen. Trotz alledem konnte die mächtige und rasche Entwicklung des Genossenschaftswesens nicht verhindert werden.

Der Krieg hatte dem Genossenschaftswesen neue Aufgaben gebracht, Aufgaben, die es in verschiedenen Fällen im Auftrage der Regierung und der Lokalautoritäten und in gemeinsamer Arbeit mit denselben zu erfüllen anfing. Die Konsumvereine vermehrten sich rasch; für sie wirkte der Krieg wahrlich wie der Regen für die Pilze. In vielen Orten hatten die Konsumvereine die Proviantversorgung der Bevölkerung auf sich genommen. Sie konnten die Steigerung der Preise nicht gänzlich verhindern, beschränkten aber die furchtbare Spekulation in Nahrungsmitteln. Die Preissteigerung derselben lag größtenteils nicht in der Sphäre ihrer Wirksamkeit, weil schon von der Zarenregierung bis auf die Bolschewiken Papiergeld um die Wette ausgegeben wurde, was eine fatale Umwälzung der Preise zur Folge hatte. Der Valutasturz des Papiergeldes wurde besonders von den zahllosen und sehr leicht fälschbaren Banknoten, sogenannten „Kerenskis" hervorgerufen. Nach der Entfernung Kerenskis, dessen Schwäche die Disziplin in Rußland erschüttert hatte, wurde diese von der Bolschewiken-Regierung noch mehr als früher mit den „Kerenskis" überschwemmt; infolgedessen wurde dieses Land, in dem man früher am allerbilligsten lebte, in ein solches verwandelt, in dem alle Preise so hoch wie in keinem andern der Welt standen.

Schon im ersten Jahre des Krieges hatte sich eine kompliziertere Form des Genossenschaftswesens, die der Produktion, verbreitet. In Stadt und Land entstanden zahlreiche Genossenschaften solcher Art, die sogenannten Artels. Nach dem Empfang der Aufträge von der Regierung versorgten diese Genossenschaften von den Dörfern Rußlands aus die Armee mit Strümpfen und Kleidungsstücken. Auf dem landwirtschaftlichen Gebiet, wo die Produktionsgenossenschaft mit einer gewissen Leichtigkeit sich entwickelte, ist eine beträchtliche Anzahl neuerer Formen der Genossenschaft entstanden: so zum Beispiel die der „eingemachten Früchte und Gemüse", die ihre Produkte der Armee und der Stadtbevölkerung lieferten. Die Molkereigenossenschaften Sibiriens, noch vor dem Ausbruch des Krieges gegründet, versorgten die Armee mit ihrer vortrefflichen Butter. Die Produktivgenossenschaft „Pavlovo" im Gouvernement Nishni-Nowgorod paßte die Fabrikation der Metallwaren den Bedürfnissen des Krieges an und erreichte auf diese Weise eine ungemeine Entwicklung. Endlich übten die Genossenschaften und besonders der Zentralverband der Konsumvereine in Moskau eine höchst umfangreiche Hilfe und Kreditunterstützung für die Opfer des Krieges. In den Dörfern boten die genossenschaftlich vereinigten Bauern den Flüchtlingen aus den vom Feind besetzten Provinzen Obdach an. Im Verlauf von anderthalb Jahren seit dem Ausbruch des Krieges vermehrte sich die Zahl der Genossenschaften, besonders die der Konsumvereine, um ungefähr 10 000.

Nach dem Umsturz der Zarenregierung, der von der moralischen Schwäche ihres Hauptes und der Verderbtheit und dem Verrat der Minister und der hohen Beamten verursacht wurde, fiel die Macht in die Hände von, wenn auch ehrlichen, doch der Erfahrung ermangelnden und zu sehr politisierenden Männern. Die Umstände waren einer weiteren Ausbildung der Genossenschaftsbewegung höchst günstig. Es wurde ein Gesetz ausgegeben, in dem alle ihre Formen inbegriffen waren. Dieses Gesetz war von den Genossenschaften schon im Jahre 1912 ausgearbeitet worden. Alles, was der Ausbildung des Genossenschaftswesens in Rußland im Wege stand, wurde auf radikale Weise — wie in keinem anderen Lande Westeuropas — entfernt. Das Gesetz über das Genossenschaftswesen in Rußland ist zweifellos das beste, das man auf diesem Gebiete hat. Doch neben einem solchen Gesetz machte die Regierung Kerenskis einen schweren Fehler, indem sie die „Direktion des kleinen Kredits" in Petersburg unterdrückte, die den materiellen und geistigen Mittelpunkt des Genossenschaftswesens ganz Rußlands bildete. Die Regierung Kerenskis sah unter dem Einfluß des Hasses gegen die alte Bureaukratie nicht die Notwendigkeit ein, dieses Institut zu erhalten, das zweifellos einer Reform, aber nicht einer gänzlichen Unterdrückung bedurfte. Infolge dieser Unterdrückung der „Direktion des kleinen Kredits" entstand ein chaotisches Wirrwarr auf dem Gebiete der Kreditgenossenschaften der weit vom Zentrum entfernten Provinzen. Die Regierungsinspektoren des „kleinen Kredits", denen das russische Genossenschaftswesen so viel verdankte, wurden abgeschafft, und es verging eine geraume Zeit, bis sie, wenn auch nur teilweise, von den Inspektoren der Kreditgenossenschaftsverbände ersetzt wurden.

Die russische Bevölkerung, die nicht an die politische Freiheit gewöhnt war und rasch die Disziplin vergaß, hat fast alle Genossenschafts=

organisationen in einen politischen Kampfplatz verwandelt, auf dem sich die extremsten Parteien tummelten. Plötzlich, wie von einer Zauberkraft umgewandelt, wurden fast alle Russen Sozialisten, von den früheren Anhängern der sozialistischen Parteien mit dem verächtlichen Namen von „Märzianern" bezeichnet. Diese, unter der Führung der alten politischen Emigranten, hatten schon seit der provisorischen Regierung die panrussischen Genossenschaftskongresse in eine Art politischer Versammlungen verwandelt, die nichts mit dem Genossenschaftswesen gemein hatten. Die Bauern, die von den Genossenschaften delegiert waren, um an den Kongressen teilzunehmen, fühlten sich in denselben höchst verlegen und mußten sich oft fragen, ob sie an den richtigen Ort geraten waren. Es wurde in der Tat auf diesen Genossenschaftskongressen mehr von der Politik der verschiedenen, sich feurig bekämpfenden Parteien gesprochen, als von alle den Fragen, die das Genossenschaftswesen am meisten interessieren sollten. So wurde der panrussische Genossenschaftskongreß der Genossenschaftsinstruktoren in Moskau im Jahre 1917 vom Landwirtschaftsminister Tschernow, dem bekannten Theoretiker der russischen sozialrevolutionären Partei, besucht, der da eine Propaganderede über die Verstaatlichung usw. hielt und sich damit in einen scharfen Gegensatz zu der wirklichen Grundlage der Genossenschaftsbewegung stellte.

Während die Leidenschaften der Politiker so überwucherten, wuchs gleichfalls der allgemeine Wirrwarr des ökonomischen Lebens; Männer, die, von der revolutionären Freiheit hingerissen, jeden Sinn für Opportunität verloren hatten, berauscht von den neuen Posten und dem Ansehen, das ihnen so plötzlich zugefallen war, sahen gar nicht ein, daß der ökonomische Zustand Rußlands nicht einzig davon besser wurde, daß die Zarenregierungsform von der republikanischen ersetzt wurde.

Durch den raschen Übergang von der halben Sklaverei zu der äußersten Willkür verlor die Armee jede Disziplin; die Soldaten fingen an, massenhaft zu desertieren, über ganz Rußland sich zu verbreiten und die Dörfer und selbst die Städte zu bedrohen. Die Eisenbahnverbindungen waren so desorganisiert, daß die Reisenden oft auf den Dächern sitzen mußten, um nur ihr Reiseziel zu erreichen. Die vermehrte Beamtenschaft und die Staatsfabrikarbeiter forderten allwöchentlich immer höhere Löhne. Und um auf irgendeine Weise den dringenden Bedürfnissen des Staates und den immer wachsenden Ansprüchen der Beamten zu genügen, fand man kein anderes Mittel, als eine zügellose Ausgabe von Papiergeld. Der Mangel an Arbeitskraft, die hohen Preise des Papiers und der Farben machten inzwischen das Drucken von Kleingeld höchst unvorteilhaft. Das war die Ursache, warum Rußland von 20- und 40-Rubelscheinen, von den sogenannten Kerenskis, überschwemmt wurde. So war nicht nur das Gold im ersten Jahre des Krieges verschwunden, sondern auch das Papiergeld der früheren Zarenregierung wurde von der Bevölkerung dem Verkehr entzogen, so daß auch diesmal das vom englischen Ökonomisten Gresham formulierte Gesetz sich bestätigte, daß das gute Geld von schlechtem aus dem Verkehr gedrängt wird.

Die Anhänger der alten Regierung, die ihre Posten verloren hatten und unter dem Einfluß der Teuerung und Arbeitslosigkeit sich den äußersten Bolschewiken angeschlossen hatten, unternahmen inzwischen einen wütenden Kampf gegen die Regierung Kerenski. Die Masse der Bevölkerung verhielt sich fast indifferent, weil die meisten glaubten, eine schlimmere Regierung könne es nicht geben, als die sich als provisorische Regierung ausgebende. Die Armee war müde infolge der Entbehrungen und Leiden, die sie in einem Krieg, der zu lange dauerte, zu ertragen hatte. Die Soldaten hatten den einzigen Wunsch, in ihre Dörfer zurückzukehren und das Land zu verteilen, das ihnen vom Landwirtschaftsminister der provisorischen Regierung versprochen worden war. Es erschien dem russischen Soldaten ganz unmöglich, noch weiter so vieles weit von seinem Dorfe zu erdulden, wo inzwischen die Seinigen die Güter der Gutsbesitzer verteilten. Und so fanden die Bolschewiken einen höchst günstigen Boden für ihre zerstörende Propaganda.

Die Revolution vom 7. November 1917 wurde von den Bolschewiken vollbracht, ohne daß sie große Mühe hatten, Kerenski zur Flucht zu bewegen. Nur in Moskau leistete die Bevölkerung selbst ziemlich kräftigen Widerstand, weswegen die Stadt vom Vandalismus der neuen Machtbesitzer viel zu leiden hatte.

Der Bürgerkrieg, der in Rußland noch vor dem Aufkommen der Bolschewiken begonnen hatte, nahm bald die Form der äußersten Gewalttätigkeit an. Außerdem wurde das zentrale Rußland von den Getreide produzierenden Provinzen abgeschnitten, wodurch diese ihre Produkte nicht mehr nach der Hauptstadt schicken konnten. Die Konsumvereine hatten immer mehr an Warenmangel zu leiden; aber indem sie die Rücklagen der früheren Zeiten benutzten, übten sie einen günstigen Einfluß auf die Preise vieler Produkte aus. Die Bolschewisten suchten, auch auf dem Gebiete der Genossenschaftsbewegung, ihren Standpunkt des Klassenkampfes einzuführen. Sie gründeten einen neuen Konsumverein in Moskau, „Die Arbeitergenossenschaft", obgleich die Arbeiter schon einen beträchtlichen Anteil an dem früher gegründeten Konsumverein hatten. Weil die Mehrzahl der Genossenschafter gegen die Bolschewiken Stellung nahm und bei den Versuchen, die Ordnung wiederherzustellen, sich mit den bürgerlichen Parteien vereinigten, begannen die Bolschewiken, hier und da das Genossenschaftswesen zu verfolgen. In einigen Orten haben die Genossenschaften und ihre Verbände sehr gelitten; vielen wurden die Waren und die Gelder entzogen. Anfangs ist es den Vertretern des Genossenschaftswesens gelungen, die Bolschewiken zu überzeugen, daß die Nationalisierung unmöglich auf das Genossenschaftswesen angewendet werden könnte. Aber leider konnten damit die Verfolgungen nur auf kurze Zeit unterbrochen werden.

Im Anfang hat aber die Bolschewikenregierung, ohne es eigentlich zu wollen, zugunsten des Genossenschaftswesens gehandelt, und zwar durch ihre Nationalisierungspolitik gegen die Banken und die Industrieunternehmungen. In vielen Provinzstädten konnten die Moskauer Volksbank und die Kreditgenossenschaftsverbände die Filialen der Privatbanken in ihre Hand nehmen; der „Zentralverband der Konsumvereine" in Moskau und andere Konsumvereinsverbände in den Provinzstädten kauften viele Fabriken an, welche nationalisiert werden sollten. Auf diese Weise erwarben die Genossenschafter mehrere Fabriken von landwirtschaftlichen Maschinen und Geräten. Dieses Experiment ist aber nicht sehr günstig ausgelaufen; der so wenig entwickelte Geist der Arbeiter brachte es mit sich, daß sie dasselbe indifferente Verhalten gegen die genossenschaftlichen Fabriken wie gegen die Privatunternehmungen zeigten.

Noch vor dem Aufkommen der Bolschewiken hatten die Genossenschafter den Weg der nationalen Politik im umfangreichsten Sinne des Wortes eingeschlagen zur Rettung der Heimat aus der immer mehr wachsenden inneren Anarchie. Damit kehrte man eigentlich den Prinzipien der reinen politischen Neutralität den Rücken; aber die traurige Notwendigkeit der ungemein schweren Epoche Rußlands machte eine solche Änderung des Programms notwendig.

Die Genossenschafter nahmen auch an den letzten Wahlen zur

Konstituante überall lebhaften Anteil, ohne jedoch darin irgendeinen Erfolg zu erreichen. Sie sind eben zu spät in den Wahlkampf eingetreten, als die Mehrzahl der Wähler sich schon den sozialistischen Parteien angeschlossen hatte, die das parteilose Auftreten der Genossenschaften höchst tadelten. In Zentralrußland hatten die Genossenschafter aufgehört, sich aktiv an der Politik zu beteiligen, weil sie die Feindschaft der Bolschewiken fürchteten. Aber in Sibirien und im Norden Rußlands nahm das Genossenschaftswesen noch immer einen bedeutenden Anteil an der Politik, indem es die lokalen, zur Entente geneigten Administrationen unterstützte, die gegen die Bolschewiken kämpften. So war der Chef der in Archangelsk erstandenen Regierung der bekannte Sozialist und Genossenschafter N. B. Tschaikowsky. Im zentralen Rußland ist das Verhalten der Genossenschafter gegenüber dem Bolschewismus eigentlich vollkommen indifferent gewesen.

Nachdem die Bolschewiken die Banken, die großen Unternehmungen, die Fabriken und die Häuser nationalisiert hatten, haben sie auch den Privathandel nicht geschont. Nach der Nationalisierung der Privatbanken bildete die Moskauer Volksbank die zentrale Genossenschaftsbank ganz Rußlands und erhielt eine große Zahl Depositen von Personen, die sich bis dahin dem Genossenschaftswesen gegenüber ablehnend verhalten hatten. Am Ende des Jahres 1918 wurde aber auch diese Bank nationalisiert in der Weise, daß sie zur Genossenschaftsabteilung der Staatsbank wurde.

Außerdem hat die Nationalisierung der Häuser den Anlaß zur Gründung vieler kleiner Konsumvereine gegeben, die auch als „Verein für gegenseitige Hilfe" auftraten. Hier hat sich ein gewisser Einfluß des so bekannten Theoretikers des Anarchismus, des Fürsten Krapotkin, geltend gemacht, der die Ideen der Bolschewiken eigentlich nicht teilte. Auf diese Weise hat die Nationalisierung in der ersten Periode das Genossenschaftswesen nicht zerstört, sondern es im Gegenteil noch notwendiger gemacht. Die Nationalisierung bedeutete nur die Verstärkung der Staatseinmischung, und dadurch trat die erzieherische Bedeutung des Genossenschaftswesens noch mehr hervor; denn seine Bedeutung ist in dieser Hinsicht viel größer als bei anderen sozialen Bewegungen. Mehr als wo anders hat in Rußland das Volk die moralische Erziehung und die geistige Disziplin nötig. Die „Diktatur des Proletariats", die von den Bolschewiken nach dem Marxschen Rezept realisiert wurde, hat die Unterdrückung aller sozialen Klassen außer der der Arbeiter, deren Kulturniveau noch so niedrig ist, zur Folge gehabt. Am meisten haben darunter die intelligenten Klassen gelitten, deren geistige Höhe trotz ihrer Fehler bewunderungswürdig bleibt. Die Bolschewiken haben am Ende doch keine wahre Demokratie gegründet, sondern nur die Macht des Gesindels, eine „Ochlokratie", die in ihrem Kampf gegen die intelligenten und die bürgerlichen Klassen vor keinem terroristischen Mittel zurückschreckt.

Eine wahre Demokratie wächst inmitten des Genossenschafts= wesens auf, und darum ist es von so großer Bedeutung für Rußland und die Menschheit, daß aus den Trümmern des zerstörten russischen Staates das von den besten Vertretern des russischen Volkes ge= gründete Genossenschaftswesen nicht nur unversehrt, sondern sogar kräftiger entwickelt hervorgegangen ist.

Drittes Kapitel.
Das russische Genossenschaftswesen im Jahre 1918.

Die zweite Hälfte des Jahres 1917 und die erste von 1918 sind aus vielerlei Ursachen für das Genossenschaftswesen nicht günstig aus= gegangen. Die Desorganisation der Verbindungen machte die Ver= sorgung der Haupt= und Provinzstädte höchst schwierig. Wie bekannt, wurde mit dem Aufstand der Bolschewiken das zentrale Rußland von den anderen Teilen des Landes abgeschnitten, die in ökonomischer Hin= sicht so untrennbar mit ihm verbunden sind; und so konnten die Ge= nossenschaftsorganisationen mit ihren Filialen in der Ukraine, in Sibirien usw. nur mit ungeheuren Schwierigkeiten normale Ver= bindungen unterhalten. Die Produktivabteilung des Zentralverbandes der Konsumvereine und die Genossenschaftsproduktion im allgemeinen litten sehr unter dem Mangel an Rohmaterial und Arbeitskräften. Man war gezwungen, Arbeiter anzunehmen, die phantastische Lohnansprüche in umgekehrter Proportion ihrer Leistung erhoben. In der erhitzten Atmosphäre des Bürgerkrieges und auf dem vulkanischen Boden der permanenten Revolution konnte sich der so notwendige Unter= nehmungsgeist natürlich nicht entwickeln. Und trotzdem haben sich die Genossenschaftsorganisationen nicht nur erhalten, sondern sogar einen wesentlichen Aufschwung genommen, weil die Genossenschafter einige schon sehr gut gehende Unternehmungen von solchen Fabrikanten kaufen konnten, die von der Nationalisierung, richtiger gesagt von der Konfiskation bedroht waren.

Einerseits hat die Moskauer Volksbank gelitten, weil ihre zahlreichen Filialen sehr viel unproduktive Ausgaben machen mußten, nur um nicht der Nationalisierung zum Opfer zu fallen. Dieselbe Bank hat aber auch sehr viel gewonnen, weil sie im Anfang die einzige war, die nicht, wie alle Privatbanken, von den Maßnahmen der bolschewistischen Regierung berührt wurde. Neben der Staatsbank bildete jetzt die Moskauer Volksbank das einzige Staatsinstitut, das die Depositen vieler Staatsbanken aufnahm, die unter der Drohung, nationalisiert zu werden, sich mit ihr vereinigten. Auch einige Verbände der Kreditgenossenschaften haben Vorteil von der Liquidierung der Privatbanken gehabt. So hat zum Beispiel der Verband der Kreditgenossenschaften von Nishny-Nowgorod viele Filialen der Privatbanken angekauft und ihre Depositen sowie das ganze Personal unverändert behalten.

Jetzt soll etwas ausführlicher über die Tätigkeit der Genossenschaftsinstitute während dieser Periode gesprochen werden an Hand der sichersten Angaben, die wir bekommen konnten.

Die Volksbank besaß ein eigenes Haus im Zentrum von Moskau, das 5 Millionen Rubel gekostet hatte. Ihr Reservekapital belief sich am 1. April 1918 auf 352 919 Rubel. Die Depositen und Kontokorrente betrugen zu demselben Zeitpunkt 168 409 056 Rubel. Der Nettogewinn für das Jahr 1917 war 872 698 Rubel. Der Rechnungsabschluß der Bank am 1. April 1918 war der folgende:

```
in der Hauptbank  . . . . .  325 704 702 Rubel
 „  den Filialen  . . . . .  202 890 453   „
                             528 595 155 Rubel
```

Wenn wir jetzt den „Zentralverband der Konsumvereine" betrachten, so sehen wir, daß im Jahre 1917 der Warenverkauf über 260 Millionen Rubel betrug. Die größten Verkäufe in Höhe von etwa 23 Millionen Rubel wurden in Kolonialwaren und Fischen gemacht. Was die Produktivabteilungen dieses Verbandes anbetrifft, so ersieht man ihren Geschäftsgang daraus, daß während der ersten 5 Monate des Jahres 1918 in 8 Industrieunternehmungen verschiedene Waren für eine Totalsumme von 19½ Millionen Rubel angefertigt wurden.

Am bedeutendsten von allen diesen Industrieunternehmungen des

Verbandes ist die Schokoladen- und Konfiseriefabrik, die 45 Pud Ware im Werte von 7½ Millionen Rubel fabriziert hat. Ihr folgt an Bedeutung die Fabrik einfachen Bauerntabaks im Dorfe Wseslawina (Gouvernement von Tambow), die im Laufe desselben Zeitraumes 30 000 Pud Tabak im Werte von 3 Millionen Rubel verarbeitet hat. Ihr folgt stufenweise nach dem Umfang der Geschäfte die Zuckersatzfabrik mit einer Leistung von 63 000 Pud Zuckersatz und Stärke im Werte von insgesamt 3 Millionen Rubel. Die Leistungsfähigkeit der oben genannten Fabriken wäre noch viel höher, wenn sie nicht während der Unruhen vom 20. März bis 17. Mai 1917 geschlossen gewesen wären.

Der Zentralverband besitzt außerdem eine Fabrik, die während der ersten 5 Monate des Jahres 1918 verschiedene Artikel, wie Essigessenz, Tinte, Schuhwichse, Pfeffer usw., im Gesamtwerte von 2 300 000 Rubel fabriziert hat. Die Schuhwerkstätte von Zaraisk, das größte, was man in dieser Art in Rußland besitzt, hat 41 000 Paar Schuhwerk im Werte von 1 400 000 Rubel angefertigt. Eine neu gegründete Seifenfabrik in Moskau verarbeitete ungefähr 6000 Pud Seife im Werte von 404 000 Rubel.

Die Mühlen des Verbandes haben wegen Mangel an Getreide ihre Arbeit fast ganz einstellen müssen. Im Juni 1918 bearbeitete die Genossenschaftsmühle von Saratow das Getreide der Bauern, während die von Rybinsk stille stand.

Nach diesen Andeutungen über die Leistungen des Verbandes wollen wir in folgendem die Produktion des russischen Genossenschaftswesens im allgemeinen betrachten.

Die Zahl der Genossenschaftsunternehmungen geht über 500, ohne die kleinen Produktions- und Arbeitsgenossenschaften, die in Rußland „Artels" genannt werden, und verschiedene andere dabei mitzurechnen. Die folgende Tabelle illustriert die Ausbildung und Verteilung der Genossenschaftsproduktion:

Mühlen	84
Bäckereien	41
Schmieden	42
Seifenfabriken	29
Lederfabriken	28
Molkereien	27
Konfiserien	18

Landwirtschaftswerkzeugfabriken 26
Sägemühlen 16
Wurstfabriken 10
Tabakfabriken 10
Zuckerfabriken 4
Mechanische Werkstätten 2

Besonders bemerkenswert ist die Organisation der Produktivgenossenschaften in der Hausindustrie. Im Jahre 1917 haben diese Genossenschaften 1 112 000 Stück Waren verkauft. Unter diesen Genossenschaften, deren man im Gouvernement von Moskau und Jaroslaw 20 zählt, gibt es eine Knopffabrik, viele Genossenschaften für Möbel, Spielzeug, Metallartikel usw. Der Verband besitzt in Moskau ein Warenlager mit einer permanenten Ausstellung von Möbeln, die aus seinen Werkstätten kommen, sowie eine eigene Sägemühle.

Wie groß war im Jahre 1918 die materielle Kraft des russischen Genossenschaftswesens? Eine vollständige Antwort auf diese Frage läßt sich aus Mangel an den nötigen methodisch ausgeführten statistischen Untersuchungen unmöglich geben. Aber das Material, das wir besitzen, genügt schon vollkommen, um eine exakte Idee über den Umfang der Geschäfte zu geben, die in dieser Zeit von der Genossenschaftsbewegung vollbracht sind. Der Bericht, der auf dem Genossenschaftskongreß in Moskau am 27. Januar 1918 verlesen wurde, enthält folgende Zahlen: der Gesamtwert der vom zentralen Verband russischer Konsumvereine in Moskau verkauften Waren erreicht 600 Millionen Rubel; die Summe der Warenverkäufe aller Konsumverbände in Rußland beträgt ungefähr 5 Milliarden Rubel.

Wenn wir die im Jahre 1918 existierenden Konsumgenossenschaften betrachten, so sehen wir, daß die zwei größten von ihnen sich in Moskau befanden. Die eine, von den Bolschewiken unterstützt, war einzig aus Arbeitern gebildet und zählte im Juni 1918 wohl 170 000 Mitglieder. Die andere setzte sich aus allen Ständen zusammen und hatte über 90 000 Mitglieder.

Bisher haben wir nur die Konsumvereine betrachtet. Hinsichtlich der zahlenmäßigen Verbreitung gehört aber in Rußland den Kreditgenossenschaften und den Volksbanken der erste Platz. Die neuesten Zahlen, die wir haben, stammen vom 15. Oktober 1918 und beziehen sich auf das Gebiet des früheren russischen Reiches. Um diese Zeit war die Gesamtzahl der Volksbanken und der Kreditgenossenschaften

16 477, vereint in 136 Verbänden. Die Zahl der Mitglieder in den Kreditgenossenschaften betrug am 1. Januar 1918 10 478 000. Die totale Bilanz der Kreditgenossenschaften und der Volksbanken zum gleichen Zeitpunkt belief sich auf 983 000 Rubel und die der 70 Verbände auf 75 200 000 Rubel. Die Totalsumme der Depositen in den Kreditgenossenschaften und Volksbanken war die folgende:

in den Kreditgenossenschaften . .	419,6 Millionen Rubel,
„ „ Volksbanken	262,7 „ „
Totale Summe	682,3 Millionen Rubel.

Die folgende Tabelle illustriert die Verteilung der Formen des Genossenschaftswesens und ihre numerische Kraft:

	1. Jan. 1915	1. Jan. 1918	Zunahme
Kreditgenossenschaft	14 350	16 500	2 150
Konsumvereine	10 900	25 000	14 100
Landwirtschaftliche Vereine . . .	5 000	6 000	1 000
Landwirtschaftliche Genossenschaften .	1 650	2 400	750
Genossenschaftsmolkereien	2 700	3 000	300
Produktivgenossenschaften	600	1 500	900
Totalsumme	35 200	54 400	19 200

Diese Tabelle zeigt auf eine höchst überzeugende Art die beispiellosen Fortschritte des Genossenschaftswesens in Rußland. Ein Drittel der Bevölkerung des so umfangreichen Landes nimmt jetzt am Genossenschaftswesen teil. Konnte man größere Resultate erwarten? Jetzt ist nur zu wünschen, daß der qualitative Fortschritt nicht zu weit hinter dem quantitativen zurücksteht. Das russische Genossenschaftswesen führt mit wunderbarem Erfolg die Aufgaben der ökonomischen Erziehung aus, aber es hat noch die der moralischen zu erfüllen. Übrigens ist diese Aufgabe zu groß, um einzig von dem Genossenschaftswesen gelöst zu werden — wie wertvoll und erfolgreich seine Leistung auch sein mag, die wir im Kapitel über die Tätigkeit des Genossenschaftswesens im Gebiet des Volksunterrichts beschreiben werden.

Das Genossenschaftswesen umfaßt das ganze mannigfaltige Leben der gegenwärtigen Gesellschaft und erscheint seinen Aposteln wie im heiligen Zauber einer humanitären Religion. Zweifellos ist die qualitative Entwicklung mit dem Aufschwung des Gefühls verbunden, das aus der Tiefe des Glaubens die Kraft schöpft für seine moralische Höhe.

Viertes Kapitel.
Die Tätigkeit des russischen Genossenschaftswesens auf dem Gebiete des Volksunterrichts.

Die Tätigkeit auf dem Gebiete des Volksunterrichts bildet ein spezielles Verdienst und eine originelle Seite des russischen Genossenschaftswesens. Während der letzten Jahre hat sie die Aufmerksamkeit des Publikums immer mehr auf sich gezogen. Natürlich hat kein anderes Land den Volksunterricht so nötig, um eine fruchtbare Solidarität vorzubereiten und aus den größtenteils noch recht unwissenden Bauern bewußte Glieder der Genossenschaftsbewegung zu bilden. Übrigens ist auch der verhältnismäßig gebildete Teil der Bevölkerung, und nicht nur in Rußland, noch sehr weit entfernt davon, das Genossenschaftswesen vom idealen Standpunkt aus zu würdigen. Man betrachtet es gewöhnlich lediglich als rein praktisches Mittel ökonomischer Notwendigkeit und nicht als eine friedliche und dauerhafte Lösung des peinlichsten Problems der Menschheit: die Herstellung der ökonomischen und moralischen Ordnung.

In der russischen genossenschaftlichen Literatur wurde noch vor kurzem darüber diskutiert, ob das Genossenschaftswesen als solches die Aufgabe des Volksunterrichts auf sich nehmen sollte, indem es elementare und sekundäre Schulen eröffnete und unterhielt, oder ob es sich beschränken sollte auf den Unterricht über das, was das Genossenschaftswesen unmittelbar angeht. Die Meinungen waren verschieden, aber die Mehrzahl der Schriftsteller behauptete, daß das Genossenschaftswesen weder die Mittel noch die Kräfte besitze, Funktionen auf sich zu nehmen, die eigentlich dem Kultusminister eines jeden Landes oblägen.

Während dieser theoretischen Diskussionen begannen die Genossenschaftsorganisationen selbst, die Frage mit dem praktisch wirkenden Geist zu lösen, der jedem wahren Genossenschafter eigen ist. Die Tätigkeit des russischen Genossenschaftswesens auf dem Gebiete des Unterrichts wurde von der Volksbank im Dorfe Dzenghelovka im Gouvernement von Kiew eröffnet. Sie gründete auf eigene Kosten eine Elementarschule und nahm in den Unterrichtsplan auch Theorie und Praxis des Genossenschaftswesens auf. Andere genossenschaftliche Organisationen folgten dem guten Beispiel dieser Volksbank, allerdings weniger durch Eröffnung eigener Schulen, als durch Unterstützungsgelder für Erhaltung und Ausbau schon vorhandener Schulen und durch Gründung von Stipendien für die Söhne von Genossenschaftern. In dieser Hinsicht haben sich die Konsumvereine der Eisenbahnangestellten des Gouvernements von Perm und Rostow am Don besonders verdient gemacht.

So wurden die ersten Schritte auf dem Felde der Kultur von den einzelnen Genossenschaften unternommen, später widmeten die großen Zentralverbände diesem hohen Ziel imponierende Mittel und vermehrten die Beteiligung des Genossenschaftswesens am allgemeinen Volksunterricht in beispiellosem Maße. Der Zentralverband der Konsumvereine in Moskau besaß einen wahren Generalstab von Genossenschaftsinstruktoren. Diese beschränkten sich aber nicht auf den reinen Elementarunterricht, sondern veranstalteten für die Bauern noch unentgeltliche Kurse in Buchführung und hielten Vorträge von einem Dorfe zum andern. Ein solches, vom Zentralverband ausgebildetes Institut reisender Vortragsredner, übte seine Tätigkeit im Verein mit der Genossenschaftsbuchhandlung aus, indem es Broschüren und Flugblätter über dringende Probleme besserer Volksökonomie verbreitete. Derselbe Zentralverband der Konsumvereine in Moskau gründete eine Konsumvereins-Fachschule. In dieser Schule wurde Unterricht erteilt in allen ökonomischen und sozialen Fächern, die für das Genossenschaftswesen von Belang sind. In dieser Weise wurden fachkundige und intelligente Konsumvereinsangestellte ausgebildet. Das Unterrichtspensum enthielt außer Buchführung Warenkunde und Geographie, auch elementare kulturelle Bildungszweige. Zur Aufnahme in die Schule bedurfte es keiner Zeugnisse noch irgendwelcher offizieller Titel; auch Erwachsene beiderlei Geschlechts konnten neben den Jugendlichen die Schule besuchen. Oft kamen Bauern aus den entlegensten Provinzen, einzig angezogen vom guten Ruf dieses kulturellen Zentrums. Das ist der beste Beweis für die ersprießliche Wirkung dieser Schule.

Die Verlagstätigkeit des Zentralverbands zeigte noch umfassendere Proportionen. Seine Buchhandlung in Moskau hatte im Jahre 1917 einen Umsatz von mehr als drei Millionen Rubel, und man kann behaupten, daß sie auf der ganzen Welt die größte Buchhandlung für genossenschaftliche Literatur gewesen ist. Diese Verlagsbuchhandlung nahm Bücher anderer Verleger in Kommission, aber stets unter strenger

Auswahl hinsichtlich des Inhalts. Auf diese Weise ist der Verband die größte Kulturgenossenschaft geworden, die man bisher aufweisen kann. In den ersten Jahren hat sich natürlich seine Verlagstätigkeit auf die Genossenschaftsliteratur beschränkt, aber mit der Zeit erweiterte sie sich mehr und mehr, um auch den Forderungen des allgemeinen Unterrichts gerecht zu werden. Es wurde eine ganze Serie von Büchern und Broschüren ausgegeben, welche die Probleme des öffentlichen Lebens in bezug zur allgemeinen Genossenschaftsbewegung beleuchten. Eine Reihe Typographien bedienten ausschließlich den Zentralverband; eine davon, angekauft von der Moskauer Volksbank, war eine Genossenschaftstypographie.

In Anbetracht der weit zerstreuten Bevölkerung des grenzenlosen Landes gab der Verband die Broschüren in vielen Tausenden von Exemplaren aus; sogar die großen Bücher in nicht weniger als 10 000 Exemplaren in einer einzigen Auflage. Der größte Teil der Drucksachen erschien jedoch in mehreren Auflagen. Es ist daher klar, von wie großer Bedeutung diese Buchhandlung für den russischen Volksunterricht gewesen ist. Von den in diesem Verlag erschienenen Büchern russischer Autoren seien unter anderem genannt: „Die Theorie, die Geschichte und die Praxis der Konsumentenorganisation" von Prof. Dr. B. Totomianz, in vier Auflagen, und das Buch von Lensky: „Das genossenschaftliche Europa".

Derselbe Verband hat auch eine Broschüre von Prof. Dr. B. Totomianz herausgegeben: „Die Macht der Kooperation". Sie ist zum ersten Male im Jahre 1889 erschienen, als die Genossenschaftsbewegung noch in den Kinderschuhen steckte, und hat fünf Auflagen erlebt; ferner die Broschüre desselben Verfasser über Charles Fourier in drei Auflagen.

Ein großer Teil der Auflagen bestand natürlich aus Übersetzungen der besten Schriften der internationalen genossenschaftlichen Literatur. Von diesen Übersetzungen können wir einige nennen, um zu zeigen, welche Bücher die russische Genossenschaftswelt am meisten interessierten. „Die Kooperation" (2. Auflage), und „Die Konsumvereine" (2. Auflage) von Charles Gide, „Die Genossenschaftsbewegung in England" von Beatrice Webb-Potter, „Die Geschichte der Pioniere von Rochdale" von G. Holyoake, „Die Rechte und die Pflichten der Genossenschaftsangestellten" von Dr. K. Munding.

Außerdem wurden auch Schriften der bekanntesten Theoretiker

des internationalen Genossenschaftswesens übersetzt, darunter die von Dr. Hans Müller, Heinrich Kaufmann, Katherine Webb, Isa Nicholson, Professor Dr. Staudinger, Professor Dr. R. Wilbrandt, Dr. Jakob E. Poisson, A. Daudé-Bancel, C. Mutschler, Professor Dr. Fauchere usw.

Der Zentralverband hat jährlich ungefähr 700 000 Kalender und 120 000 Notizbücher für Genossenschafter ausgegeben, was aus den Angaben vom Jahre 1917 zu ersehen ist. Die Blätter der Wandkalender enthalten ausgesuchte Sentenzen über das Genossenschaftswesen und die menschliche Solidarität von den bekanntesten Genossenschaftern und Denkern sowie kurze Biographien der großen Genossenschafter und der Pioniere der sozialen Entwicklung; alles in allem eine auf den Bildungsstand der Arbeiter und Bauern zugeschnittene genossenschaftliche Enzyklopädie. Solche Kalender trugen den Samen der Propaganda bis in die abgelegensten Dörfer Rußlands. Sie sind ein Ruhmesblatt in der Geschichte des Genossenschaftswesens — nicht nur Rußlands, sondern ganz Europas. Denn nicht einmal der größte Verband der Konsumvereine in England, der eine eigene Typographie besitzt, ist imstande gewesen, ähnliche Genossenschaftskalender und in so vielen Exemplaren herauszugeben. Außer den Kalendern gab der Moskauer Zentralverband auch Jahrbücher heraus, mit ausführlichen Angaben und Beschreibungen über die Fortschritte der russischen und internationalen Genossenschaftsbewegung, schließlich auch Postkarten mit Photographien der bekanntesten Genossenschafter aller Länder nebst einem charakteristischen Zitat aus ihren Schriften oder Reden. Tausende von Bildern von Schultze-Delitzsch, Vansittaart-Neale, Holyoake, Luigi Luzzati, Ch. Gide, Raiffeisen, W. Maxwell, H. Kaufmann, H. Müller, S. Joergensen, St. Gschwind und vielen anderen wurden auf diese Weise verbreitet.

Dies ist aber noch nicht alles. Der Zentralverband stellte auch farbige Bilder her, um Sympathie und Interesse für das Genossenschaftswesen zu erwecken. Es waren dies Bilder für die Genossenschaftslokale und Plakate für Festlichkeiten und Kongresse. Das war ein fortwährender praktischer Unterricht. Er prägte sich in die Seele des Publikums ein, rief die Sympathie derer wach, die der Genossenschaftsbewegung noch fern standen, und klärte diejenigen auf, die den Genossenschaften nur mit rein praktischen Zielen beigetreten waren.

Die Ausgaben des Verlags des Zentralverbands zeichneten sich besonders durch die mäßigen Preise aus. Man muß wirklich bewundern, daß der Verband in den letzten Jahren der Revolution bei den fortwährenden Unruhen und dem Mangel an Papier und Arbeitskräften seine Verlagstätigkeit nicht einen einzigen Tag unterbrochen hat. Der Verlag hatte sich rechtzeitig mit einem großen Papiervorrat versehen und war so bis Anfang 1919 die einzige Verlagsbuchhandlung in ganz Rußland, die ihren Betrieb aufrechterhalten konnte.

Der Verbreitung der Genossenschaftsliteratur waren auch die von örtlichen Kreditgenossenschaften in den Dörfern errichteten Volkshäuser und Bibliotheken sehr förderlich. Die Volkshäuser enthielten außer einem Versammlungssaal auch ein kleines Kino und das Nötigste für Theateraufführungen; außerdem einen Teeraum, in dem Tee zu billigem Preise verabreicht wurde. Diese Einrichtung war für die Bauern sehr vorteilhaft, besonders weil sie ihnen Gelegenheit gab, Bücher zu entleihen und genossenschaftliche Schriften und Zeitungen ohne Entgelt zu lesen. Viele ländliche Konsumvereine und Kreditgenossenschaften besaßen derartige Bibliotheken. Übrigens verbreitete sich so die genossenschaftliche Literatur nicht nur in den eigentlich genossenschaftlichen Kreisen, sondern überhaupt in den lesekundigen Kreisen der Bevölkerung. Vor allem nahmen auch die Studenten aller Hochschulen reges Interesse an der genossenschaftlichen Literatur.

Eine andere wichtige genossenschaftliche Verlagsbuchhandlung war die des Genossenschaftskongreßrats in Moskau. Dieser Rat bildete das höhere intellektuelle Organ des russischen Genossenschaftswesens. In Westeuropa gibt es nur in Dänemark ein ähnliches Organ, das alle Formen des Genossenschaftswesens innerhalb der nationalen Grenzen umfaßt. Dieser Rat hat in Rußland während der Revolutionsjahre vier Genossenschaftskongresse veranstaltet. Er gab eine eigene genossenschaftliche Zeitschrift heraus und wurde darin nur von dem Zentralverband übertroffen, der drei Zeitschriften herausgab, davon eine speziell für Bauern. Der Genossenschaftskongreßrat hat auch eine Anzahl von Büchern verlegt, die das Genossenschaftswesen behandeln; darunter „Das landwirtschaftliche Genossenschaftswesen" von Professor Dr. V. Totomianz in vier russischen Auflagen (ins Bulgarische übersetzt), ferner das bekannte Werk von Professor W. Wygodzinski: „Das Genossenschaftswesen in Deutschland" (2. Auflage) und schließlich Schriften von russischen Genossenschaftern der Gegenwart über verschiedene Probleme der Genossenschaftsbewegung und des allgemeinen ökonomischen Lebens in Rußland.

Eine dritte genossenschaftliche Verlagsbuchhandlung hatte ihren Sitz gleichfalls in Moskau. Sie führte den Namen „Die genossenschaftliche Welt" und gab mit dem gleichen Titel unter der Leitung von Professor Dr. V. Totomianz eine Monatsschrift heraus. Unter den von dieser Buchhandlung verlegten Werken finden sich viele Übersetzungen aus dem Italienischen; so „Der ökonomische Schutz des kleinen Grundeigentums" von Luigi Luzzati; „Die Pflichten des Menschen" von Mazzini mit einer von Professor Dr. V. Totomianz verfaßten Biographie; „Die Prinzipien der politischen Ökonomie" von Ch. Gide (3. Auflage); „Die Goldgrube" von L. Barbieri (ein genossenschaftliches Lesebuch); aus dem Französischen: ausgewählte Stücke aus den Schriften von Fourier, und aus dem Englischen: „Das Genossenschaftswesen in der Landwirtschaft" von H. Wolff und andere mehr.

Außer den drei genannten genossenschaftlichen Verlagsbuchhandlungen in Moskau gab es auch in Petersburg deren zwei, mit dem gleichen Ziel, über Genossenschaftswesen und Aufgaben des sozialen Lebens aufzuklären. Eine dieser Verlagsbuchhandlungen gehörte dem Verband der Konsumvereine, der auch die Buchhandlung „Kooperazios" eingerichtet hatte. Die zweite Buchhandlung war in Privatbesitz. So populär war die Genossenschaftsbewegung in Rußland, daß die Privatverleger sehr gern auch Genossenschaftsliteratur herausgaben, obwohl sie sonst doch nur den Profit im Auge haben. Unter der bolschewistischen Regierung begann auch die private Verlagsbuchhandlung „Freiheit" in Moskau mit den Vorbereitungen zu einer großen genossenschaftlichen Enzyklopädie unter der Leitung von Professor Dr. V. Totomianz und zu der Herausgabe der „Geschichte der volkswirtschaftlichen Lehrmeinungen" von Gide und Rist. Diese sieben Verlagsbuchhandlungen, die sich fast gänzlich der Genossenschaftsliteratur widmeten, geben einen Begriff von der großen Bedeutung, die die Genossenschaftsbewegung in Rußland erreicht hat.

Auch die Provinzialverbände haben eine rege Tätigkeit auf dem Gebiete des Volksunterrichtswesens entfaltet. Der „Verband der Konsumvereine des Altaigebietes" hat während des ersten halben Jahres seines Bestehens Flugblätter in Hunderttausenden von Exemplaren herausgegeben, die an 1200 Genossenschaften zur Weiterverbreitung geschickt wurden. In derselben Zeit kaufte dieser Verband 42 000 Bücher, von denen er 24 000 an 70 Genossenschaftsbibliotheken weiterverkaufte. Außerdem organisierte er viele Vorträge und kinematographische Vorstellungen für die ländlichen Kreditgenossenschaften.

Noch origineller war eine Einrichtung des Verbands der Konsumvereine von Arbatow im Gouvernement Nischni-Nowgorod. Er gründete nämlich eine Art Bauernuniversität, wie sie sonst nur in Dänemark vorkommen. Es handelt sich um eine Vorbereitungsschule für alle Funktionen des öffentlichen Lebens, die die Bauern als Leiter, Buchhalter oder Angestellte der Genossenschaften in der provinziellen Selbstverwaltung (Semstwo) zu erfüllen haben. In diese Schule oder Bauernuniversität konnten alle jungen Leute aufgenommen werden, die das achtzehnte Lebensjahr vollendet hatten. Der Lehrgang dauerte zwei Semester, und zwar immer nur vom 1. Oktober bis 1. April, damit die landwirtschaftlichen Arbeiten im Sommer nicht zu kurz kamen. Der Unterrichtsplan bestand aus einem allgemeinen und einem speziellen Kursus. Der letztere zerfiel wieder in zwei Unterabteilungen: in der einen wurde Unterricht über genossenschaftliche Gegenstände erteilt; in der anderen über die provinzielle Selbstverwaltung. In dem allgemeinen Kurs wurden die Schüler für den speziellen vorbereitet. Man konnte aber auch im selben Semester an beiden Kursen teilnehmen. Der Unterricht bestand nicht in trockenen Zwangslektionen, sondern in Vorlesungen, Kolloquien und Übungen. Zwangsmäßige „Schulaufgaben" gab es nicht, auch die Benutzung der Handbücher war freiwillig.

Auch an den Hochschulen wurde über Genossenschaftswesen gelesen. Zwar nicht immer durch Genossenschafter, aber doch auf ihre Anregung. So zum ersten Male an der Handelshochschule in Petersburg im Jahre 1910; als der Verfasser dieser Zeilen im Jahre 1912 von Petersburg nach Moskau übersiedelte, auch an der dortigen Hochschule. An dieser Hochschule bildete sich dann später eine besondere Fakultät für das Genossenschaftswesen. Außerdem wurden an der Moskauer Universität und an den höheren landwirtschaftlichen Instituten theoretische Kurse und praktische Übungen über genossenschaftliche Themata gehalten. Eine Sammlung derartiger Studien seiner Schüler hat der Verfasser in drei Bänden herausgegeben.

Das Genossenschaftswesen war aber nicht nur ein imponierender Bestandteil des Unterrichtsplans an den Hochschulen der Hauptstädte, sondern auch in vielen anderen Städten; so in Charkow, Kiew, Woroneg und Omsk. An der Universität Charkow lehrte der bekannte russische Nationalökonom Professor Dr. A. Anziferow über Genossenschaftswesen.

In Rußland gibt es außerdem noch ein anderes Institut, das die größte Aufmerksamkeit des Auslandes verdient. Es ist dies die Volkshochschule von Moskau, die mit dem Kapital des verstorbenen Generals Schaniavsky gegründet wurde. Diese Volkshochschule hat eine bemerkenswerte Tätigkeit ausgeübt. Bereits im Jahre 1911 richtete sie genossenschaftliche Kurse ein, die sich alljährlich im Wintersemester wiederholten: außerdem spezielle Kurse für Genossenschaftsinstruktoren. Die Kurse wurden von den bekanntesten Professoren der Universität Moskau und anderen Hochschulen gehalten. Außerdem eröffnete diese Volkshochschule eine genossenschaftliche Bibliothek.

Im Winter 1918/19 wurde das „genossenschaftliche Institut" in Moskau gegründet. Diese erste rein genossenschaftliche Hochschule wurde auf Kosten des russischen Genossenschaftkongreßrates unterhalten und im Hause des Verbands der Kreditgenossenschaften des Gouvernements Moskau untergebracht. So entstand eine wahre Genossenschaftsuniversität. Auch in Petersburg gab es 1918 eine solche Hochschule; sie hatte aber nicht denselben Umfang. —

Welche Bedeutung dem genossenschaftlichen Unterricht in Rußland beigemessen wurde, erhellt auch daraus, daß im Herbste 1918 in Moskau ein vom Genossenschaftskongreßrat veranstalteter Kongreß abgehalten wurde, um zu entscheiden, welche Aufgaben des Volksunterrichts von den Genossenschaftsorganisationen übernommen werden sollten.

Fünftes Kapitel.
Das Genossenschaftswesen in Sowjetrußland.

Die Bolschewiken begannen mit der Unterdrückung aller ihrer politischen Gegner und schonten zuletzt auch das Genossenschaftswesen nicht. Anfangs ließen sie es zwar in Ruhe, später aber gingen sie zu einer Reorganisation über — jedoch nicht im Interesse des Genossenschaftswesens, sondern in der Absicht, die politisch unbequemen Führer des Genossenschaftswesens zu entfernen. Nachdem die Sowjetregierung dies mit allen möglichen Mitteln erreicht hatte und andererseits das Illusionäre ihrer bureaukratischen Versorgungs- und Produktionsorganisationen immer mehr einsehen mußte, wurde das Genossenschaftswesen wieder beliebt.

Da ein Gesetz über das Genossenschaftswesen eben erst in Anwendung gekommen war, ist es zweifelhaft, ob eine neue Sowjetgesetzgebung überhaupt nötig gewesen ist, zumal die Sowjetgesetze einen sehr bureaukratischen Charakter haben; in dieser Hinsicht haben sie große Ähnlichkeit mit dem vom Zaren erlassenen Gesetz zur Regelung der Kreditgenossenschaften. Trotzdem kann ein objektiver Beobachter auch positive Züge in der Sowjetgesetzgebung finden. Vor allem sind die Genossenschaftsverordnungen der Jahre 1918 bis 1920 nur allmählich und nicht einmal überall eingeführt worden. Ferner hat eine Umwandlung der Genossenschaftsorganisation nur in den Städten stattgefunden; die Dörfer wurden fast gar nicht davon berührt, und die russischen Genossenschaften sind doch hauptsächlich ländlich.

Den Zentralverbänden, und besonders dem „panrussischen Zentralverband der Konsumvereine" in Moskau, wurde leider die Tätigkeit auf dem Gebiete des Volksunterrichts entzogen, wenigstens die Bücherausgabe und jegliches allgemein-kulturelle Wirken. Nur die ländlichen Genossenschaften behielten ihre Funktionen auch auf diesem Gebiete.

Die genossenschaftliche Gesetzgebung der Sowjetregierung machte die Konsumvereine zum Grundstein des ganzen Gebäudes des russischen Genossenschaftswesens. In der Gesetzgebung wurden die Kreditgenossenschaften mit den Konsumvereinen verschmolzen und diese mit den landwirtschaftlichen Genossenschaften sowie mit der ländlichen Hausindustrie fest verbunden. Durch Verminderung der Zentralverbände wurde die Konkurrenz zwischen den verschiedenen Genossenschaftsorganisationen geschwächt. Die Sowjetregierung reduzierte die Zahl der Konsumvereine jeder Stadt auf einen und erreichte so auf gesetzlichem Wege, was die Genossenschaftsbewegung allein nicht fertig gebracht hatte. Auf dem Lande bildete sich eine Form der Einheitsgenossenschaft, die auf der Konsumorganisation beruhte und sich gleichzeitig mit der Herstellung von Produkten befaßte. Diese Genossenschaften haben die Aufgabe, den Überschuß an Produkten durch Vermittlung der Genossenschaftsverbände an den Staat abzuliefern.

In dieser Zentralisierung und Vereinfachung des Aufbaues der Genossenschaftsorganisationen besteht der Hauptfehler der Sowjetverordnungen nicht, sondern darin, daß den zentralen Genossenschaftsorganisationen die Möglichkeit der Bücherausgabe, des Volksunterrichts, überhaupt jede soziale Arbeit genommen wurde. Einen großen Fehler beging die bolschewistische Regierung auch damit, daß sie dem „Zentralverband der Konsumvereine" den größten Teil seiner Produktivunternehmungen entzog. Dies bedeutet Verstaatlichung auf einem Gebiete, auf dem sie nicht angewendet werden sollte. Ferner wurden in zahlreichen zentralen Genossenschaftsorganisationen durch die Sowjetregierung sachverständige Beamte durch weniger sachverständige oder ganz unsachverständige Beamte ersetzt. Mehrere Stellen, so zum Beispiel der „Zentralverband der russischen Konsumvereine", beklagen den Mangel an sachkundigen Leuten und Instruktoren.

Vom Standpunkte der Rochdaleschen Prinzipien muß man auch den Zwangscharakter des Sowjetgenossenschaftswesens als fehlerhaft betrachten. Dasselbe gilt von der Abschaffung des Rückvergütungssystems. Aber es hat schon vorher in Rußland und in Deutschland Beispiele von Zwangsgenossenschaften gegeben, nämlich die Meliorationsgenossenschaften in Deutschland und in Rußland, die mit den sibirischen Molkereigenossenschaften zusammenhängenden Konsumvereine und teilweise auch die von Inspektoren der zaristischen Regierung auf dem Lande gegründeten Kreditgenossenschaften.

Die neue Sowjetverordnung über die Konsumvereine vom 9. April 1921 ist ein Beweis dafür, daß Lenin sich von den vielerlei Übertreibungen der Sowjetgenossenschaftsgesetzgebung überzeugt hat. Laut dieser Verordnung ist das Genossenschaftswesen nicht mehr nur ein rein technisches, dem Versorgungskommissar unterstehendes Organ, sondern ein autonom wirkender ökonomischer Apparat, dem im Wirtschaftssystem der Sowjetregierung ein wichtiger Platz eingeräumt ist. Alle Produkte, die nach Ablieferung der Naturalabgaben noch vorhanden sind, werden den Konsumgenossenschaften zu Kauf und Tausch überlassen. Die Aufgabe, Nahrungsmittel wie überhaupt alle Konsumtionsartikel an die Bevölkerung auszugeben, ist ausschließlich den Konsumgenossenschaften übertragen. Das Konsumgenossenschaftswesen behält den in der Verordnung vom 20. März 1919 ausgesprochenen Zwangscharakter gegen jeden Bürger der Sowjetregierung. Die neue Verordnung gestattet jedoch den Bürgern, innerhalb des einzigen großen Konsumvereins neue Genossenschaften zu bilden, die mit den Mitteln ihrer Mitglieder — in Geld oder Naturalien — die überschüssigen Produkte ankaufen und ausschließlich an Mitglieder verkaufen dürfen. Damit sind die Bolschewiken ihren eigenen Grundsätzen untreu geworden. Denn nach den neuen Verordnungen sind für die Städte wieder mehr als ein Konsumverein erlaubt. Es hatte sich zur Genüge herausgestellt, daß in diesen „einzigen" Genossenschaften, welche die gesamte Stadtbevölkerung umfaßten, die Verbindung zwischen Mitgliedern und Genossenschaft zu schwach wurde. Die wenigen bewußten Mitglieder gingen im schwerfälligen Apparat dieser Riesenkonsumvereine unter. Es waren mehr Munizipalitäten als Genossenschaften.

Die neue Verordnung enthält Anordnungen, die für den allgemeinen Gang der Entwicklung des russischen Genossenschaftswesens von großer Wichtigkeit sind. Die Verordnung erlaubt den Konsumvereinen, die Produkte von den Produktivgenossenschaften zu kaufen und mit diesen allerlei Verträge abzuschließen über Herstellung, Konservierung, Bereithaltung, Lieferung usw. Die Konsumvereine sind auch befugt, Unternehmungen zu gründen mit dem Zwecke, Rohprodukte zu lebenswichtigen Erzeugnissen zu verarbeiten. Infolgedessen können also die Konsumvereine eigene Gemüsegärtnereien, Molkereien und ähnliche Unternehmungen haben. Diese Verordnung hat somit den früheren Zustand wiederhergestellt: Genossenschaften als Besitzer von Produktivunternehmungen.

Die neue Verordnung gewährt übrigens den ländlichen Genossenschaften mehr Betätigungsfreiheit als den städtischen. Die ländlichen Genossenschaften brauchen nämlich nicht mit Konsumvereinen zusammenzuhängen. Vom streng bolschewistischen Standpunkt aus bedeutet das allerdings einen Schritt zurück: die Rückkehr zum „kleinbürgerlichen" Genossenschaftswesen.

Die Bolschewisten verwandelten sich von Staatssozialisten oder Kommunisten zu Genossenschaftern. Die letzte Etappe in dieser Evolution ist zweifellos folgendes Projekt, das Anfang Mai 1921 auf Vorschlag Lenins ausgegeben wurde. Es handelt sich um die dem westeuropäischen Genossenschaftswesen in Sibirien eingeräumten Konzessionen. Für diese Konzessionen führt der Vater des Gedankens folgende Argumente an:

„Das Arbeitsgenossenschaftswesen in Westeuropa ist eine sehr mächtige Organisation, die mit ihren Mitteln den sibirischen Bauern von Nutzen sein kann; wenn das westeuropäische Arbeitergenossenschaftswesen in Sibirien Konzessionen erhielte, würde es eine imponierende Macht auf dem Weltmarkt werden und könnte in der Befriedigung der Bedürfnisse der sibirischen Bauern sehr bedeutende Resultate erzielen.

Da dieses Genossenschaftswesen nicht auf Profit abzielt, sondern lediglich auf die Lebensmittelversorgung des westlichen Proletariats, würde es auch Interesse haben an der Kräftigung und Erweiterung der Quelle dieser Versorgung.

Wenn man die ungemeinen natürlichen Reichtümer Sibiriens vereinigt mit den technischen, ökonomischen und kulturellen Hilfsmitteln, die dem westlichen Arbeitergenossenschaftswesen zu Gebote stehen, kann man bedeutende Resultate erzielen.

Es muß auch hervorgehoben werden, daß die Sowjetregierung durch Zubilligung von Konzessionen an die westlichen Arbeitergenossenschaften deren Interessen und damit die Interessen der Arbeiterklasse des Westens an die Existenz der Sowjetregierung bindet.

Bei der Verordnung handelt es sich nicht um Ausbeutung, sondern um Verarbeitung des Rohmaterials, das den Gegenstand der Konzession bildet. Aber der Konzessionar hätte auch das Recht, Gegenstände des laufenden Bedarfs herzustellen, wie Glasscheiben, Zündhölzer, Seife, Buttertonnen, Käsekisten, Konservenbüchsen und andere Gegenstände, die mit der Verarbeitung des Rohmaterials in Verbindung stehen.

Der Konzessionar verpflichtet sich zur Haltung eigener Transportmittel, die nötig sind zum Transport der Waren von Sibirien nach dem Ausland und umgekehrt.

Um es dem Konzessionar zu ermöglichen, sofort ein gewisses Aktivum auf dem Weltmarkt zu haben und dort eine bedeutende Rolle zu spielen, ist es notwendig, daß der Konzessionar in Gebieten mit Exportmöglichkeit das Recht erhält, die Waldindustrie auszuüben. Es wäre auch vorteilhaft, dem Konzessionar die Organisation des Fischfangs im Arktischen Meer zu übertragen.

Während der ersten fünf Jahre erhält der Konzessionar einen Anteil an der Produktion von 35%; soweit es sich um Fleischgewinnung handelt nur 25%. Mit dem Endtermin der Konzession fallen alle Fabrikanlagen und sämtliche vom Konzessionar errichteten Bauten unwiderruflich an den Staat.

Es wird darauf hingewiesen, daß die westlichen Kapitalisten sich scheuen, ihr Kapital in Rußland anzulegen. Wenn jedoch das westliche Arbeitergenossenschaftswesen in Sibirien Konzessionen erhalten hat und Solvibilitätsgarantien gibt, kann man mit seiner Vermittlung den ausländischen Kapitalisten durch die Handelsbeziehungen mit Rußland Profitmöglichkeiten eröffnen.

Schließlich wird noch auf die große theoretische und praktische Bedeutung aufmerksam gemacht, **welche die Ausnutzung russischer Konzessionen für das westeuropäische Proletariat haben muß** angesichts der gegenwärtigen großen Arbeitslosigkeit."

Mit der Veröffentlichung dieses bedeutsamen Projektes wollte die Regierung Lenins ihre Bereitwilligkeit erweisen, nicht nur den westeuropäischen Kapitalisten, sondern auch den Genossenschaften Konzessionen zu erteilen. Es ist aber sonderbar, daß den Genossenschaften nur in Sibirien Konzessionen angeboten werden, während die Kapitalisten sie in ganz Rußland erhalten.

II.

Nach der vorangegangenen historischen und juristischen Skizzierung des russischen Genossenschaftswesens soll im folgenden der Zustand während des Jahres 1920 betrachtet werden [28].

Unbestreitbar ist die Zahl der Genossenschaften Sowjetrußlands 1920 nicht so groß, wie im Jahre 1918. Diese Verminderung ist auf die geschilderte planmäßige Zwangsverschmelzung zurückzuführen. Es hat sich dafür eine neue Form des Genossenschaftswesens gebildet, nämlich die „landwirtschaftlichen Kollektivwirtschaften". Diese wurden nicht nur von Bauern, sondern auch von Städtern zu gemeinschaftlicher Bodenbearbeitung gebildet.

Unsere Schilderung der Zustände soll mit dem „Zentralverband für Konsumvereine in Moskau" beginnen. Der Umsatz dieses Verbandes betrug im Jahre 1919 insgesamt 974 450 000 Rubel. Die Sektionen des Verbandes wurden mit Staatsmitteln unterstützt. Obwohl an der kommunistischen Universität eine Fakultät für Genossenschaftswesen bestand, ließ der Zentralverband durch seine Instruktoren noch genossenschaftliche Vorlesungen halten. Die Buchhandlung des Verbandes belieferte nicht nur die Genossenschaften, sondern auch die Gewerkschaften. In der Befürchtung, sonst jeder Arbeit entzogen zu werden, arbeiteten die Genossenschaften gleich nach Beginn der Tätigkeit des „Versorgungskommissariats" im Bunde mit der Sowjetregierung. Als dann das Genossenschaftswesen reformiert wurde, trieben die Genossenschafter dies Zusammenarbeiten mit der Sowjetregierung noch weiter.

Im Juli 1920 hielt der Zentralverband in Moskau einen Kongreß ab. Er wurde von den Vertretern der Gouvernementsverbände und ihren Sektionen besucht. Im ganzen erschienen 139 Delegierte. Große Aufmerksamkeit erregte der telegraphische Gruß der englischen Genossenschafter. —

Die Verhandlungen des Kongresses gipfelten in dem Beschluß, an der allgemeinen Aufbauarbeit der Sowjetregierung aktiven Anteil zu nehmen. Die Formulierung dieses Beschlusses enthielt jedoch die Einschränkung: „soweit dies technisch möglich ist".

Auf dem Kongreß wurde ferner bekanntgegeben, daß die vom

---

[28] Für 1921 kann hier nur auf den allerdings wohl sowjetoffiziösen Bericht der „Russischen Korrespondenz" (Jahrg. II, Bd. 2, Nr. 7—9, S. 779 ff.) über den russischen Genossenschaftskongreß vom 15. bis 23. Juli 1921 verwiesen werden.

Die Herausgeber.

Zentralverband geleiteten Versorgungsoperationen die Summe von drei Milliarden Rubel betragen. Die Versorgung besteht hauptsächlich in Nahrungsmitteln, dann auch in Gegenständen des laufenden Bedarfs, vor allem Manufaktur- und Posamentrieartikeln.

Außerdem hat sich der Zentralverband sehr mit Rohmaterialienbeschaffung befaßt. Wegen der großen Preisschwankungen erzielte diese Tätigkeit jedoch keine befriedigenden Resultate. Die Verteilung ist dagegen recht gut gelungen; eine Reihe von Bestellungen konnte sogar vollständig ausgeführt werden.

Auf dem Kongreß wurde weiterhin mitgeteilt, daß der Zentralverband am 1. Januar 1920 insgesamt 333 Gouvernements- und Distriktsverbände umfaßte, von denen jeder über 10 000 Mitglieder zählte. Das Genossenschaftskapital betrug 10 500 000 Rubel im Jahre 1918, im folgenden Jahre 42 000 000 Rubel und im Januar 1920 gar 120 500 000 Rubel. Den Umsatz des Jahres 1920 schätzte man auf 8 Milliarden Rubel. Alle diese wachsenden Zahlen bedeuten aber, wenn man die Geldentwertung mit in Betracht zieht, eher eine Verminderung als eine Zunahme der Tätigkeit des Zentralverbandes. Die einstmals so bedeutende industrielle Tätigkeit des Verbandes wurde auf dem Kongreß überhaupt nicht erwähnt. Erst im „Konsumverein" vom 25. Oktober 1920 findet sich darüber eine kleine Andeutung, nämlich daß die Hutmacherabteilung und die Konfektionsabteilung auf der Hausindustrie fußen und hauptsächlich im Gouvernement Rjasanj und Moskau verbreitet sind.

Die industrielle Tätigkeit der Verbände hat sich also im Vergleich zu früher nicht weiterentwickelt. Anders steht es bei einzelnen örtlichen Konsumvereinen, so zum Beispiel bei dem Konsumverein der Stadt Tula. Dieser Verein ist aus der Verschmelzung eines Arbeiterkonsumvereins mit einem anderen, alle Stände der Stadtbevölkerung umfassenden hervorgegangen. Der so entstandene Konsumverein der Stadt Tula hat sehr entwickelte Produktionsabteilungen: eine Konfiserie, eine Wurstfabrik und eine große Gemüsegärtnerei.

Es bleibt noch übrig, über die „Landwirtschaftlichen Kollektivwirtschaften" zu berichten, die seitens der Sowjetregierung besondere Sympathie genießen.

Es sei mit dem Gouvernement Wologda begonnen: die vorliegenden Statistiken stammen aus der Mitte des Jahres 1920. Im Distrikt Kadnik gab es zu der Zeit 31 landwirtschaftliche Kollektivwirtschaften, davon 3 Kommunen, 11 Arbeitsgenossenschaften, 14 Vereine für gemeinschaftlichen Ackerbau und 3 Gartenbaugenossenschaften. Nach dem Grade der Anwendung des kollektivistischen Prinzips können diese landwirtschaftlichen Kollektivwirtschaften in zwei Gruppen eingeteilt werden: in eine Gruppe mit vollständiger Anwendung des Kollektivprinzips — zu dieser gehören nur die genannten 14 Vereine für genossenschaftlichen Ackerbau — und in eine Gruppe mit unvollständiger Anwendung des Kollektivprinzips. Im Distrikt Wologda gibt es 41 Kollektivwirtschaften, darunter 4 Kommunen, 12 Hausindustriegenossenschaften und 25 Genossenschaften für gemeinsamen Ackerbau. Im Distrikt Griasovietky gibt es 37 Kollektivwirtschaften, und zwar 2 Kommunen, 19 Hausindustriegenossenschaften, 7 Ackerbaugenossenschaften und 9 landwirtschaftliche Genossenschaften. In letzter Zeit sollen hier die meisten Bauern „Kommunen" bilden, weil der zunehmende Verfall der Volkswirtschaft den individuellen Ackerbau unmöglich macht. Die früheren Gutsbesitzer nehmen an diesen „Kommunen" und Artels teil.

Über das Gouvernement Wjatka liegen folgende Angaben vor: 7 „Kommunen" und 5 Arbeitsgenossenschaften im Distrikt Glasow und 10 Arbeitsgenossenschaften und 3 „Kommunen" im Distrikt Kopelniki. Von diesen 3 „Kommunen" gingen jedoch 2 wieder ein. Auch in diesem Gouvernement zeigte sich eine starke Tendenz, von der individuellen Bodenbearbeitung zur kollektivistischen überzugehen. Der Grund dazu ist der Wunsch, die Einkünfte der Unternehmungen zu erhöhen und gleichzeitig den Besitz zu behalten.

Im Gouvernement Tambow findet sich die größte Zahl der landwirtschaftlichen Kollektivwirtschaften. Mitte 1920 gab es deren hier 208. Die Kommunen nehmen hier eine bedeutende Stellung ein, gegründet von früheren Beamten und Großgrundbesitzern in der Nähe größerer Städte. Da der Gemüsehandel mit den Städten höchst vorteilhaft ist, befassen sich diese Kommunen hauptsächlich mit Gartenbau. Im Jahre 1920 wurde Petersburg von solchen Gartenbaugenossenschaften mit 7 Millionen Pud Gemüse (= etwa 2,3 Millionen Zentner) beliefert.

Die Zahl sämtlicher landwirtschaftlicher Kollektivwirtschaften beläuft sich auf über 10 000. Rechnet man noch die von Sowjetbeamten und Staatsarbeitern als Sowjetwirtschaften betriebenen früheren großen Güter dazu, so versteht man, daß die landwirtschaftlichen Kollektivwirtschaften im Jahre 1920 ihren eigenen Kongreß einberufen konnten.

Nach dem Eingeständnis der Sowjetpresse werden die „Sowjetwirtschaften" bureaukratisch und noch viel schlechter verwaltet als die „Kommunen". Aber auch diese arbeiten schlechter als die landwirtschaftlichen Genossenschaften. Charakteristisch ist, daß die Bauern eine Vorliebe haben für die genossenschaftliche Form, die Intellektuellen dagegen die kommunistische vorziehen. Viele Kommunen sind jedoch, im Widerspruch zu ihrer Benennung, gar nicht kommunistisch organisiert.

Zur vollständigeren Charakteristik der Genossenschaftsbewegung in Sowjetrußland muß noch erwähnt werden, daß in vielen Genossenschaften, und besonders in den Verbänden, das Prämiensystem eingeführt worden ist. Die Prämien werden in Geld oder Naturalien an solche Angestellte gegeben, die sich durch große Initiative oder besonders intensive Arbeit ausgezeichnet haben. Ferner muß noch gesagt werden, daß die Mehrzahl der hauptstädtischen Verwaltungsräte der Genossenschaftsverbände kommunistisch ist; in der Provinz findet man jedoch vielfach „parteilose" Führer des Genossenschaftswesens. Wichtig ist auch, daß in Sibirien, und besonders in der Ukraine, das Genossenschaftswesen von den Verordnungen der Bolschewiken weniger berührt worden ist als in Zentralrußland. — Bis zu welchem Grade es möglich ist, die bolschewistische Gesetzgebung zu umgehen oder gar unverhohlen nicht zu beachten, zeigt die Tatsache, daß kapitalistische Unternehmungen die genossenschaftliche Form angenommen haben, einzig zu dem Zweck, den Besitz zu behaupten.

Beim Gesamtüberblick der Stellung der Sowjetregierung zum Genossenschaftswesen wird man unwillkürlich an die Worte Mephistos in Goethes „Faust" erinnert: „ein Teil von jener Kraft, die stets das Böse will und stets das Gute schafft." Der Bankrott des Staatssozialismus und Kommunismus hat zur Folge gehabt, daß das Genossenschaftswesen das Rückgrat des ökonomischen Körpers Rußlands geworden ist. Allerdings hat das Genossenschaftswesen zunächst mehr theoretische Geltung als praktische Bedeutung erlangt. In seiner praktischen Anwendung ist es unfähig gewesen, die furchtbare Hungersnot zu überwinden, die über einige Städte und Provinzen Rußlands hereingebrochen ist. Diese Hungersnot wurde, außer durch die Trockenheit, verursacht durch den Verfall der Industrie, durch den Bürgerkrieg und vor allem durch die Blockade.

Die Vernichtung des Kapitalismus hat dem Genossenschaftswesen keine Vorteile gebracht. Die Tatsachen haben damit einen Ausspruch des englischen Genossenschafters George Holyoake bestätigt. Dieser hat einmal gesagt: er würde dagegen stimmen, wenn etwa die englische Regierung durch eine Verordnung von heute auf morgen jeglichen Privathandel unterdrücken und sofort durch das Genossenschaftswesen ersetzen wollte. Das sollte heißen, das Genossenschaftswesen sei eine revolutionäre Bewegung, in deren Interesse es liege, die freie Konkurrenz zu erhalten.

P. S. Nachdem diese Zeilen schon gedruckt waren, hat sich seit Frühjahr 1921 die Politik der bolschewistischen Regierung gegenüber der Genossenschaftsbewegung weiter günstig entwickelt. Auch der Privathandel und die kapitalistische Industrie haben mehr Bewegungsfreiheit bekommen. Aber die meisten entnationalisierten Unternehmungen wurden vom Staat den Genossenschaften in Pacht gegeben.

Nicht nur die Konsumgenossenschaften, sondern auch die Kreditgenossenschaften können jetzt in alter Form bestehen. Der Centrosojus gibt jetzt eine tägliche Genossenschaftszeitung heraus. Ebenda wurde auch eine Genossenschaftsbörse eröffnet. Der Centrosojus ist der Hauptagent Rußlands nicht nur im Lande selbst, sondern auch auf dem internationalen Markt. Das sind Entwicklungen, die man im Auslande noch nicht erreicht hat. Trotz alledem hat die russische Genossenschaftsbewegung die finanzielle und vor allem die moralische Stärke, die sie bis zum Jahre 1917 besaß, noch nicht wieder erreicht. Der Bureaukratismus einerseits und der Spekulationsgeist andererseits sind noch nicht aus der Bewegung entfernt. Die alten Genossenschaftsführer haben ihre Stellen noch nicht wieder bekommen. Die besten Stellen sind von den Kommunisten besetzt, deren Politik bankrott gemacht hat. Aber die bolschewistische Regierung hat Glück. Im August 1921 wurden ihre Vertreter auf dem Kongreß in Basel in den internationalen Genossenschaftsbund aufgenommen, während die alten Genossenschaftsführer, W. Selheim und der Schreiber dieser Zeilen, ihre Sitze verloren. Diese Aufnahme war eine kluge Politik und hat für die russische Genossenschaft größere Freiheiten und Begünstigungen gebracht. Die vorher gegründete kommunistische Genossenschaftsinternationale wurde sofort aufgegeben. Weitere unerwartete Erfolge der bolschwistischen Regierung kann man in der Überlassung der Auslandskontore des Centrosojus an die Moskauer Organisation und in der günstigen Beurteilung der Lage durch die von dem internationalen Genossenschaftsbund im März dieses Jahres nach Rußland gesandten Kommission sehen.

Über die Verhandlungen zwischen der heutigen Leitung des Centrosojus und der alten Leitung dieser Organisation, die in Berlin stattfanden und sich auf die Überlassung der Auslandskontore des Centrosojus an die Moskauer Organisation bezogen, wird berichtet, daß sie zur Unterzeichnung eines Vertrages geführt haben. Hierzu geben die Direktoren des Londoner Kontors eine Erklärung ab, in der es heißt:

„Wenngleich der ‚Centrosojus‘ in organisatorischer Hinsicht noch keine genossenschaftliche Organisation geworden ist und sich in seiner wirtschaftlichen Tätigkeit noch nicht einmal annähernd vollständig vom Staate freigemacht hat, so hat er sich doch in wirtschaftlicher Beziehung vom Staate getrennt und hat eigene Mittel und Kapital. Wir hoffen, daß ‚Centrosojus‘ sich auch von den Organisationsfesseln freimacht, und daß die Konsumgenossenschaftsbewegung in Rußland zu den genossenschaftlichen Grundsätzen zurückkehrt. Aus diesem Grunde können die Werte, die dem ‚Centrosojus‘ überlassen werden müssen, indem sie dessen Voraussetzungen für die wirtschaftliche und genossenschaftliche Arbeit vermehren, nun zum Vorteil werden für die Konsumgenossenschaftsbewegung in Rußland, da die Gewißheit besteht, daß sie sofort den Genossenschaften nützen können, da gegenwärtig die Waren im Auslande wieder billiger werden, weswegen es nicht zweckmäßig wäre, den Augenblick abzuwarten, wo die Genossenschaft in organisatorischer Hinsicht befreit würde. Aus diesem Grunde halten wir uns für berechtigt, zu genehmigen, daß alle Mittel der Auslandskontore des ‚Centrosojus‘ der gegenwärtigen Geschäftsleitung des ‚Centrosojus‘ überlassen werden...

Da wir diesen Schritt nur tun, um der gegenwärtigen Verbraucherorganisation die wirtschaftliche Tätigkeit im Auslande zu erleichtern, bitten wir unsere genossenschaftlichen Kameraden sowohl in Rußland wie im Auslande dringend, daß sie nicht annehmen, daß diese Überlassung in sich schließt, daß die gegenwärtige Organisation des ‚Centrosojus‘ als genossenschaftlich angesehen wird, und erklären, daß wir unsere Arbeit nicht eher wieder aufnehmen, als bis der ‚Centrosojus‘ wieder genossenschaftlich organisiert ist. Da wir Werte und Einrichtungen zum buchmäßigen Wert übergeben, glauben wir nicht das Recht zu haben, selbst in der gegenwärtigen Organi=

sation des ‚Centrosojus' zu arbeiten. Wir können auch nicht zugeben, daß wir dem gegenwärtigen ‚Centrosojus' oder dessen Beamten rechnungspflichtig seien. Wir behalten in unserer Verwahrung die Akten und das Material, die nebst der nach ihnen aufgestellten Abrechnung dem Forum vorgelegt werden sollen, vor dem wir uns zur Rechenschaftsablage verpflichtet halten. Dieses Forum ist eine Versammlung von freigewählten Bevollmächtigten der freien Genossenschaftsbewegung."

Printed by Libri Plureos GmbH
in Hamburg, Germany